LE FOURNISSEUR

ET

LA PROVENCALE.

PARIS. — IMPRIMERIE DE COSSON,
RUE SAINT-GERMAIN-DES-PRÉS, N° 9.

LE FOURNISSEUR

ET

LA PROVENÇALE,

ROMAN DE MOEURS;

PAR L. B. E. L. DE LAMOTHE-LANGON,

Auteur de *Monsieur le Préfet*, de *l'Espion de Police*, du *Grand Seigneur et la Pauvre Fille*, etc.

Reddite depositum : pietas sua fœdera servet.
Rendez fidèlement un dépôt et observez religieusement vos conventions.
OVIDE, *Art d'aimer*, chant I.

TOME QUATRIÈME.

PARIS,
MAME ET DELAUNAY-VALLÉE, LIBRAIRES,
RUE GUÉNÉGAUD, N° 25.
1830.

LE FOURNISSEUR

ET

LA PROVENÇALE.

CHAPITRE PREMIER.

UN ÉCLAIRCISSEMENT.

> .....Chacun croit fort aisément
> Ce qu'il craint et ce qu'il désire.
>
> LA FONTAINE, livre XII. fable VI.

L'ARRIVÉE inattendue de Pétronille Rascas, l'affirmation qu'elle donna à ce qu'avançait le frère de Louise, surprirent également tous les acteurs de la scène que je viens de décrire à la fin du tome troisième.

Ils connaissaient cette femme, ils savaient combien elle était instruite de ce qui les regardait chacun; et ses paroles avaient nécessairement un grand poids, surtout dans la circonstance présente, où le point débattu ne pouvait être réglé que par le concours d'un étranger. Les jeunes gens, avides de ce qu'elle dirait, ne rompirent pas le silence que son arrivée faisait naître. Louise, qui la voyait pour la première fois, éprouva une sorte d'horreur à sa vue, car son extérieur, ainsi que je l'ai avancé ailleurs, ne prévenait pas pour elle. Le comte de Terneuil, qui possédait la certitude d'être parfaitement connu de Pétronille, lui dit :

«— Vous venez fort à propos, citoyenne; vous m'aiderez à prouver qui je suis. Ces jeunes gens se refusent à me croire, ils veulent absolument que je sois un imposteur. »

« — Je l'ai entendu dire par ceux-là mêmes qui vous ont mis en jeu; et dès lors, dit Edouard, je suis en droit de croire...

« — Que tu rêves tout éveillé, mon beau garçon, ajouta Pétronille. Et pour qui prends-tu le comte Salvien de Terneuil ? »

« —Pour Joseph Saurin, son intendant, » répliqua Helbert.

« — Et si l'un et l'autre vous commettez involontairement cette erreur, reprit Pétronille, il faut que vous soyez sans yeux, ou que votre intelligence soit furieusement enveloppée; et de par sainte Marthe et saint Lazare son frère! ne suffit-il pas de regarder ce noble cavalier pour avoir le certificat de son origine illustre? Oui, mes enfans, il est le comte de Terneuil, de corps et d'âme, le fils de son père, l'héritier de sa riche maison; il en a la beauté, la fierté, le courage; et quel autre que lui braverait les dangers qui l'environnent, dans le seul dessein d'amener hors de France sa famille avec lui? »

Le ton de conviction avec lequel la femme Rascas s'exprimait étonna de plus en plus Louise et les deux amis. Ces derniers ne connaissaient cette créature, malgré l'indignité de sa profession, que sous des rapports avantageux; ils commencèrent à croire qu'ils pouvaient avoir commis une erreur grave; et pour l'éclaircir promptement, Helbert, immolant ses affections particulières, raconta de point en point à Pétronille la conversation au sujet du prétendu comte de Terneuil qu'Edouard avait entendue sans en perdre un seul mot. Ce récit circonstancié n'ébranla nullement la confiance de Pétronille; elle sourit, elle hocha la tête, ne dit pas une parole, n'interrompit Helbert par aucun geste, mais lorsqu'il eut achevé :

« — Brave garçon, je te plains, tu méritais de naître d'un autre père. Je ne puis me rendre garant de ce qu'il lui a plu de dire, de moitié avec un drôle qui ne vaut pas le pain dont il se sustente. Tout ce que je puis affirmer, c'est que ton ami et toi êtes tombés dans une erreur extrême. Je présume que le comte Salvien de Terneuil sait qu'il ne court aucun danger en vous avouant qui il est, et que son imprudence ne lui sera pas nuisible. Dans tous les cas, je vous certifie une fois, deux fois, trois fois, qu'il est bien lui-même, et les preuves ne me manqueront pas pour soutenir ce que j'avance, avec pleine connaissance de cause. Si cela vous plaît, tant mieux; si cela vous dérange, j'en suis fâchée; mais en parlant comme je le fais, je rends un plein hommage à la vérité. »

Louise, à qui son cœur reprochait déjà de renier son frère, ne put contenir plus long-temps l'explosion de ses regrets et de sa joie; elle vint à lui, prit sa main, et la portant à ses lèvres :

« — Pardonnez-moi, lui dit-elle, d'avoir douté un instant de la sincérité de vos paroles. Mais étais-je bien coupable, lorsque ces deux amis certifiaient que vous nous trompiez tous? Je n'avais pas le bonheur de vous connaître autrement que par l'affirmation de mon tuteur... »

« — Ce n'est point de ceci que je t'en veux, reprit Terneuil en l'attirant dans ses bras avec tendresse, mais de l'imprudence que tu as commise... »

« — Monsieur, dit alors Helbert avec une noble franchise, n'accusez pas mademoiselle votre sœur; je suis le premier, ou plutôt le seul coupable, puisque j'ai décidé mon compagnon à suivre mon conseil, et que c'est moi qui suis parvenu, par des instances multipliées, à surmonter les obstacles qu'opposa la vertu de mademoiselle à l'exécution du projet que j'avais formé. Une apparence que je me plais ou que plutôt je crois trompeuse vous fit voir ce que vous n'étiez pas. Je m'indignai de cette ruse odieuse, et je voulus ramener à vous-même à Berlin cette sœur dont on faisait le prix de je ne sais quelle combinaison, qu'un respect forcé me défend de qualifier. »

« — Quant à moi, ajouta Edouard, je ne chercherai pas à m'excuser. Oui, tout m'assure que vous êtes le comte de Terneuil; il ne me reste plus que le regret affreux de vous avoir offensé, d'avoir perdu votre estime, et de n'être plus en droit d'aspirer à votre amitié. »

La comte écoutait en silence ces réparations spontanées; il était heureux de n'être plus dans la nécessité de les exiger; car la conduite d'Helbert lui paraissait admirable, et le vicomte de Melrose commençait à lui devenir cher. Cependant il balançait à leur répondre, par un reste de fierté mal entendue. Ils l'avaient si mal traité, qu'il lui fallait tenir conseil avec lui-même avant que de se décider à leur pardonner. Tandis donc qu'il gardait le silence, Pétronille, étonnée de ce qu'on disait :

« — Qu'est-ce? reprit-elle; est-ce que la Providence se ferait un jeu de réunir ce que la malice des hommes a pris tant de peine à séparer? Dites-moi, mes honnêtes amis, vous m'aviez donc dit un bon et solide mensonge, lorsque vous faisiez passer à mes yeux cette demoiselle pour la nommée Julie Obelin? C'est donc une fille de la noble maison de Terneuil? mademoiselle Louise, sans doute, que je reconnais aux traits de famille, dont elle a aussi sa part? En vérité, il est dans la destinée des femmes de cette race de courir maintenant d'étranges aventures, et il est sans doute aussi dans la mienne de les secourir dans plus d'un danger. »

« — Expliquez-vous, Pétronille, dit Terneuil, charmé de cette diversion, qui le dispensait de répondre aux jeunes gens. Auriez-vous sauvé la marquise de Bellerive, ma tante, de quelque péril imminent? »

« — Oh non! répondit Pétronille, il ne s'agit pas de cette bonne dame; je ne me mêle plus d'obliger la vieillesse; mais il y a des choses dont la prudence me défend de parler à haute voix, tandis que d'un autre côté je comprends qu'il ne m'est plus loisible de garder le silence. Je révélerai donc ce que je sais, mais à vous seul, Salvien de Terneuil, car vous seul avez le droit de vous mêler de cette affaire; et votre prudence vous dictera la règle que vous aurez à suivre. Revenez demain ici et à la même heure, et faites une ample provision de sensibilité et de force, car vous en aurez besoin. »

« — Vous ne parlez jamais que d'une façon mystérieuse, Pétronille, » dit Terneuil.

« — Oui, il y a en moi quelque chose de la sorcière ; j'ai manqué ma vocation, j'aurais pu gagner à ce métier beaucoup d'argent; vous et lui (elle désigna Helbert), auriez payé au poids de l'or la révélation que je ferai pour rien... Oui, certes, je la ferai, poursuivit Pétronille en se parlant à elle-même ; je ne puis plus long-temps me taire sans exposer mon salut à venir. J'ai tant d'indulgence à demander au ciel, qu'il faut bien commencer à me mettre bien avec lui. Maintenant, vous qui m'écoutez et qui parfois me prenez pour folle, quoique malheureusement je conserve ma pleine raison, expliquez-moi, je vous prie, ce qui vous a réunis tous dans cet appartement. »

« — Je viens chercher ma sœur, que je savais y être. »

« — Et qui vous l'avait appris ? »

« — Le père de M. Helbert. »

« — Ah ! le vieil Ambroise, dit Pétronille, joint l'espionnage à ses autres qualités ! Et il vous a conseillé de venir vous-même retirer celle qu'il appelle une de ses pupilles. Et pourquoi vous a-t-il fait cette confidence ? n'avait-il donc plus un intérêt à la soustraire à votre amitié ? Pourquoi ne venait-il pas lui-même ?... Ah ! je devine : il a cru que j'étais de moitié avec cette jeunesse, que je connaissais le prix du trésor logé chez moi, et alors il a eu peur de commencer une nouvelle lutte, et il a eu raison ; il a bien assez des affaires que nous avons à traiter ensemble, sans en ajouter de nouvelles... Ainsi il se servait de vous pour retirer les marrons du feu, sauf à se dédommager plus tard. Et vous, monsieur le comte, car en vérité je n'ose vous traiter de citoyen, est-ce que votre projet serait de remettre sous sa main cette jeune fille ? »

« — Il me semble, répondit Terneuil, maintenant que nous nous sommes expliqués, que Louise, bien persuadée de mon existence, de mon identité avec son frère, restera convaincue aussi que je ne la sacrifierai jamais à un indigne mariage. Dès lors, et puisqu'elle retrouve à Paris ce frère qu'elle allait chercher en Prusse, elle doit rentrer sous sa garde légitime. Je crois pouvoir sans péril la conduire dans la maison dont elle est sortie nouvellement, où se trouve sa tante, et où il me sera facile de la protéger, surtout de concours avec le capitaine Helbert, dont, à part sa colère contre moi, je ne puis qu'approuver les démarches honorables. »

Helbert salua en signe de remerciement. Edouard dit alors :

« — Je suis donc le seul, monsieur le comte, à perdre votre estime ? »

« — Ai-je dit cela, lieutenant ? Vous êtes tellement identifié avec votre compagnon, par l'amitié qui vous lie, que ce que l'on dit de l'un doit par force s'appliquer à l'autre. »

Édouard, transporté, ne put commander à la joie de son cœur, il se précipita vers le comte, le serra tendrement dans ses bras, en s'écriant :

« — Oh! que je suis heureux! vous me pardonnez mes imprudences! »

Une allégresse pure éclata dans les beaux yeux de Louise. Helbert à son tour prit la main de Terneuil, et la serra dans la sienne. La réconciliation fut donc complète de toutes parts. Pétronille, charmée elle aussi de ce dénouement, attendit que la première émotion fût passée, pour dire ce qu'elle voulait faire entendre; et dès qu'elle en vit le moment :

« — Comte de Terneuil, prenez mes avis en cette circonstance, et vous vous en trouverez bien; croyez-moi : n'emmenez pas avec vous aujourd'hui mademoiselle votre sœur; il est des périls dont vous ne pouvez vous faire une idée, et que la moindre démarche imprudente ouvrira autour de vous. Demain, après la conversation que j'aurai avec vous, il sera temps de prendre un parti. Mademoiselle est sortie de la maison de son tuteur, qu'elle n'y rentre qu'à bonne enseigne. Ici elle est libre, là-bas le sera-t-elle ? Je ne le pense pas. Et maintenant que je sais qui elle est, ce sera un autre trésor à la garde duquel je veillerai avec une vigilance nouvelle. »

« — Cependant, Pétronille, il ne me semble guère convenable que ma sœur demeure loin de ses parens; cette absence prolongée peut nuire à sa réputation. »

« — Oui, si nous étions encore aux jours où votre famille brillait de tout son lustre; mais à présent ce qui blessait alors devient naturel. Le besoin de sauver sa vie conduit à jouer tous les rôles possibles ; d'ailleurs, qu'est-ce que vingt-quatre heures ? ce n'est pas un mois que je demande. »

« — Que dirai-je à M. Clourfond

pour m'excuser de ne pas avoir ramené ma sœur, après que je l'ai trouvée ? »

« — Oh! votre excuse est plus facile que vous ne vous en doutez. Dites-lui simplement que je me suis opposée à la sortie de mademoiselle, cela suffira pour le tranquilliser; je me flatte même qu'il évitera de continuer à traiter ce sujet avec vous. »

« — L'ascendant que vous avez sur mon père, bonne femme, dit alors Helbert, est donc bien entier ? »

« — Tu ne tarderas pas, capitaine, lui dit la vieille Rascas, à en obtenir la preuve éclatante. Il y a long-temps que nous nous connaissons, pour mon malheur, et bientôt, sans doute, pour le sien. Mais ce sont des choses dont tu ne dois pas t'occuper; qu'il te suffise d'apprendre que j'ai des sujets de le haïr, et peut-être le dessein de lui nuire; je te porte au contraire un vif intérêt, et au train dont vont les choses je puis te promettre de te procurer avant peu un bonheur auquel tu ne penses pas. A propos, pourquoi me vois-tu sans me demander des nouvelles de mon autre locataire ? »

Un éclair de malice brilla dans l'œil noir de Pétronille. Helbert tressaillit; une vive rougeur colora ses traits, et il cacha sa figure dans ses mains ; ce fut sa seule réponse. Terneuil et Louise ne comprirent rien à ce propos ; un autre soin d'ailleurs les occupait, celui de régler ce qu'ils avaient à faire. Le comte hésitait de se rendre au conseil de la vieille Rascas, et Louise au contraire, honteuse de sa démarche, voulait reculer le moment où elle paraîtrait devant sa tante et devant celle d'Helbert. Terneuil, qui jusques là n'avait eu qu'à se louer de Pétronille, et qui d'une autre part connaissait à fond la scélératesse du fournisseur, se décida à ne point lui ramener Louise. Cette manifestation de sa volonté charma la compagnie; il fut décidé que cette jeune personne resterait où elle était jusqu'à la conversation qui aurait lieu le lendemain à midi, et qu'après on prendrait une résolution ultérieure. Il fallait enfin partir, et Terneuil, Edouard et Helbert se retirèrent ensemble. Pétronille, après eux, resta encore avec Louise.

CHAPITRE II.

LA TENTATIVE D'EMPOISONNEMENT.

Il n'est lois ni sermens qui puissent retenir
Un cœur débarrassé des soins de l'avenir.

CRÉBILLON, *Xercès*, acte I, sc. I.

Dès que l'on fut dans la rue, Edouard, s'adressant au comte de Terneuil, lui demanda la faveur de vouloir bien l'écouter en présence d'Helbert.

— J'y consens, répondit le frère de Louise; arrivons au palais Egalité et là nous pourrons jaser tout à notre aise, car je crois que nous avons réciproquement des choses importantes à nous communiquer. »

Ils franchirent, sans se parler davantage, le court espace qui les séparait du lieu indiqué, et où ils parvinrent en traversant le passage Saint-Guillaume. En entrant dans le jardin, Edouard, pressé de s'expliquer, répéta au comte, et à voix basse, ce que déjà il lui avait dit sur sa naissance; il lui fit connaître avec joie la part qu'Helbert avait prise à ses aventures, et détailla la générosité de ce digne militaire, puis achevant de s'exprimer avec franchise; il avoua son amour, et ne balança pas à demander la main de Louise.

Le comte mit une sincérité pareille dans sa réponse; il manifesta son bonheur du choix honorable que sa sœur avait fait, et combien il serait charmé d'une alliance avec la famille du vicomte de Melrose; puis il ajouta :

« — Mais à quelle époque nous sera-t-il

permis de nouer ces nœuds si doux? je ne le sais point. La force des choses vous retient en France sous un déguisement qui seul fait votre sécurité; vous ne pouvez épouser Louise sans attirer sur vous des inimitiés dangereuses; il faudrait qu'elle et vous puissiez passer en Allemagne, et ceci présente d'immenses difficultés, au moins à l'époque où nous sommes. Patientez un peu de temps encore, peut-être que de nouvelles commotions politiques amèneront des jours de calme dont nous pourrons profiter. Voilà, monsieur le vicomte, ma réplique à votre proposition, je crois qu'elle vous satisfera : que ma sœur sorte de France, et elle vous appartiendra. Quant à vous, monsieur le capitaine, je dois vous exprimer aussi tout ce que m'inspirent les vertus de votre caractère; votre ami me pardonnera mes regrets de ne pas avoir une autre sœur pour vous l'offrir; je vous la donnerais avec une satisfaction extrême, et par là je prouverais aux patriotes qui vous ressemblent que les vrais nobles apprécient le mérite partout où il se trouve, et ne craignent pas de s'unir à lui. »

Helbert, touché de ces propos affectueux, en témoigna vivement sa reconnaissance; Edouard, s'effaçant lui-même, enchérit sur les éloges donnés à son ami, et demeura d'accord ensuite avec Terneuil que tout mariage était impossible à Paris, et que pour faire sortir Louise de France il fallait prendre des mesures qui ne pussent être déjouées; mais en même temps il se montra inquiet des prétentions de Guernon le sans-culotte.

« — Rassure-toi, lui dit Helbert, il n'épousera pas Louise tant que je feindrai de vouloir m'unir à elle; Robespierre le lui défendra. Je vais parler à ma tante et à mon père; je paraîtrai revenir sur mon premier refus, et dès que je me serai déclaré, les prétentions de Guernon seront sans force, puis nous tâcherons de faire naître des obstacles, le temps s'écoulera, et peut-être, ainsi que le dit monsieur, rencontrerons-nous une chance heureuse. Au reste, poursuivit Helbert, ceci doit être subordonné à la résolution que prendra demain monsieur le comte ; car si Louise ne rentrait pas dans la maison, si Pétronille parvenait à la soustraire à l'influence de ma famille, nous pourrions nous passer de jouer ce jeu inutile. »

Terneuil et Edouard convinrent que Helbert avait raison, rien ne devait être décidé avant la conversation du lendemain avec Pétronille ; il leur tarda, à tous les trois, que l'heure de cette entrevue sonnât ; ils se séparèrent afin de ne pas rentrer ensemble chez Clourfond. Le comte passa le premier ; il était attendu par le fournisseur avec une vive impatience ; dès que celui-ci l'aperçut il vint à lui, et, avec une émotion extrême, lui demanda ce qui s'était passé.

« — Rien de bon, répliqua Terneuil ; j'ai vu ma sœur, et je ne la ramène point. »

« — Pourquoi avez-vous commis cette faute ? » dit Clourfond avec aigreur.

« — Allez le demander à une vieille

femme que j'ai rencontrée là, qui, au lieu de laisser partir mademoiselle Louise, s'y est opposée de toutes ses forces, et qui m'a tenu des propos s'y étranges que je suis parti sans oser lui résister. »

« — Et que vous a-t-elle chanté ? » dit Clourfond en pâlissant.

« — Que vous étiez un misérable qu'elle écraserait à sa volonté, et que je ne valais guère mieux que vous, puisque je prenais votre parti. D'ailleurs elle me connaît. »

« — De quelle manière ? »

« — Elle m'a dit que je prenais un nom qui ne m'appartenait point ; que j'étais Joseph Saurin, intendant du comte de Terneuil, et que, sous peu de jours, j'aurais à rendre raison de ma conduite à ce seigneur, car il est à Paris. »

« — A Paris ! s'écria le fournisseur en frémissant ; serait-il possible ? non ! non, le comte de Terneuil ne braverait pas le danger avec cette imprudence. »

« — Ce propos m'a fait peur ; nous sommes perdus, vous et moi, si notre maître se doute de nos intrigues. A votre place, je ne demeurerais tranquille qu'après avoir eu l'assurance qu'il n'est pas venu ici, et si par cas il avait fait la folie d'y venir, je me mettrais en mesure de cheminer, sans le trouver en obstacle sur mon chemin. »

« — Voilà parler en homme d'esprit, riposta Clourfond, en homme qui voit bien les choses, en s'élevant au-dessus de certains préjugés nuisibles. Savez-vous, mon cher ami, que je formais des doutes sur votre sincérité, sur votre position véritable? ils sont maintenant tous éclaircis; je vois que notre cause est commune et que je puis me confier à vous. Je vais me retourner de toutes manières pour parvenir à savoir ce qui en est réellement, et si la mauvaise étoile du comte l'a conduit en France, tant pis pour lui, il n'en sortira pas. »

Terneuil était trop préparé à la manifestation de la scélératesse de ce misérable pour laisser percer la haine qu'il lui inspirait; il fit semblant, au contraire, de l'approuver et il l'excita encore davantage.

« — Au demeurant, dit ensuite Clourfond, laissez clabauder cette méchante fée; elle non plus ne nous tracassera pas; avant peu, il y a de par le monde un homme qui se fait fort de nous en délivrer. »

« — Et il fera bien, car je la crois très-dangereuse. Pensez-vous qu'il se presse ? »

« — Oui, mon cher; aujourd'hui, demain au plus tard, et elle muette. Vogue la galère, elle arrivera au port sans autre tempête. »

Terneuil, pour n'élever aucun soupçon, ne questionna pas davantage le fournisseur; mais dès que les jeunes gens furent arrivés et que tous ensemble entrèrent au salon, où déjà il y avait du monde, il prit Edouard à part, lui conta ce qu'il venait d'apprendre, et le pria d'aller sans retard la communiquer à Pétronille, dont il savait le demeure, afin qu'elle veillât sur ses jours.

Le vicomte de Melrose se hâta de remplir cette commission; il arriva en peu de minutes à la maison de la rue d'Argenteuil.

Pendant ce temps Pétronille, revenue chez elle à la suite de la scène que j'ai retracée plus haut, en donnait les détails à Clotilde, lorsque l'on sonna; la jeune Provençale fut ouvrir, et elle reconnut l'intrigant Renaud.

« — Eh! citoyen, dit-elle, quel mauvais vent t'amène? as-tu encore à nous tromper avec tes belles paroles? »

« — Il me semble, répondit-il en riant, qu'elles sont plus dorées que belles; car je n'ai paru ici que pour y déposer une forte somme, que je n'ai pas remportée avec moi. »

« — En as-tu une autre à nous donner? reprit Clotilde; en ce cas j'aurais presque envie de te dire que tu serais le bien-venu. »

« — Tu béniras, citoyenne, le jour où je cause avec toi; et cela jusqu'à la fin de ta vie, pour peu que ta mère soit sage et que tu puisses lui faire entendre raison : où est-elle maintenant ? »

« — Dans la cuisine, citoyen ; et je vais la faire passer dans ma chambre pour que tu puisses l'enjôler à ton aise. Ma mère, poursuivit-elle en élevant la voix, voici une pratique qui vous demande ; un gentil amoureux qui brûle d'avoir avec vous une conversation intime. »

Pétronille, accoutumée aux plaisanteries de sa fille, parut, et ne montra aucune surprise à l'aspect de Renaud ; elle lui fit même une sorte de révérence, et, passant devant lui pour le conduire, elle entra dans la chambre de Clotilde, où il l'a suivit. »

« — Tu es bien pressé de me revoir, gibier de potence, dit-elle, puisque tu marches presque sur mes talons ; voyons ce qui t'amène ; ce ne peut être certainement que quelque nouvelle diablerie, car que sortirait-il de bon d'un conciliabule tenu par l'autre et par toi ? »

« — Il serait bien plus infernal, si la mère Rascas en faisait partie, elle qui, au dire de toutes ses connaissances, est en relation intime avec Behelsébut, » répliqua Renaud presque de mauvaise humeur de cette continuité d'attaques non interrompue.

« — La! la! mon bijou, dit Pétronille, ne nous échauffons pas ainsi; le sang-froid nous sera nécessaire, à moi pour écouter ce que tu vas siffler à mes oreilles, et à toi pour avaler la réponse que je te jetterai. Je gage que tu viens en ambassade de la part d'un fou qui se repent déjà de ce qu'il a concédé, et qui a le désir de se replier en cent manières pour échapper à l'accomplissement de ses promesses. »

« — Tu te trompes, répondit Renaud avec calme, et en prenant du tabac de la tabatière, que, comme par distraction, il remit dans sa poche, sans en offrir à l'interlocutrice; tu te trompes, répéta-t-il une seconde fois; Clourfond a tout vu, tout examiné, et, hors le cas du mariage, qui lui est réellement insupportable, il est prêt à traiter du reste selon tes désirs. Il reconnaîtra Clotilde en qualité de fille naturelle; cet acte suffit pour donner à celle-ci égalité de droits à sa fortune avec Helbert. Il la mariera à Saint-Just. Il rendra son état à la jeune Adélaïde, et il en fera l'épouse de son fils. Je crois que toutes ces choses doivent te suffire, et qu'il y aurait de la malice à exiger au-delà. »

« — Il est vrai, dit Pétronille, que ces choses que tu me proposes suffiraient à une réparation ordinaire; mais sais-tu bien tous les torts de ton ami à mon égard? t'en a-t-il appris assez pour que tu puisses être juge entre lui et moi? j'en doute. Il y a des actions qu'on couvre d'un voile pesant; il y a des crimes que l'on n'avoue jamais, même à son complice. Je connais d'ailleurs celui qui t'envoie; je sais qu'il ne m'accordera qu'à la dernière extrémité ce que je souhaite par-dessus tout, car c'est la seule chaîne dont je puisse le lier de manière à ce qu'il ne la rompe. Cependant je ne veux pas agir avec cette malice que tu me supposes, et, s'il exécute franchement ce que tu promets, peut-être me tiendrai-je pour satisfaite. »

« — Il se flatte, répondit Renaud, de te convaincre de sa sincérité; mais, à son tour, il souhaite que tu retiennes ta langue, que tu ne le décries pas, ainsi que tu le fais, et que le passé soit oublié surtout par toi. »

« — Cela va de suite, si nous sommes d'accord ; mon intérêt ne sera pas de nuire au père de ma fille. »

« — Dans ce cas, je puis aller rapporter à mon ami que vous êtes en voie d'accommodement ensemble. »

« — Il ne le mérite guère, dit Pétronille avec un profond soupir; mais enfin il faut bien pardonner à celui qui nous a fait du mal, si nous voulons que Dieu nous pardonne les fautes que nous avons commises envers lui. »

Renaud tira une seconde fois sa tabatière, prit une autre prise, la referma, la remit dans sa poche; et tout à coup, revenu de sa distraction, il la sortit avec promptitude, et s'adressant à Pétronille :

« — En vérité, je suis un homme bien malhonnête. Excuse-moi, je t'en offre de bon cœur. »

Pétronille avança la main... En ce moment la sonnette de la porte d'entrée fut mise en mouvement avec une telle vitesse, qu'on aurait cru entendre les coups d'une cloche d'alarme. La vieille femme, oubliant que Clotilde était dans la cuisine, et impatiente de connaître plus vite qui s'annonçait ainsi, s'élança hors de la chambre, et arriva la première à la porte ; elle l'ouvrit. Un colloque brief s'établit entre le survenant et Pétronille. Deux minutes au plus suffirent à sa durée. Clotilde resta avec l'inconnu, et Pétronille revint lentement rejoindre Renaud. Celui-ci avait déjà maudit dix fois le malencontreux personnage qui était venu l'arrêter au moment où son ennemie allait elle-même se frapper de mort ; il était demeuré toujours assis, la tabatière ouverte auprès de lui, dans l'espoir que cette position inviterait Pétronille à y puiser largement. Celle-ci rentra; elle fut se rasseoir à sa place, en lançant à Renaud un regard tellement significatif qu'il s'en emut jusqu'au fond de l'âme, et à tel point que, par un mouvement involontaire, sa main se perta vers la tabatière pour la refermer. Pétronille l'arrêta dans son geste. »

« — Elle est belle, elle est riche; combien doit-elle peser? »

«—Mais, quinze ou vingt louis, » répondit-il.

« — Tu y tiens beaucoup? »

«—Oui, » dit-il en balbutiant, tant il fut surpris de cette interrogation singulière.

« — Je ne t'en demanderai pas alors le cadeau, comme j'en avais le dessein; mais tu me permettras bien de prendre le tabac qu'elle renferme. Il me plaît sur l'apparence, et je veux l'avoir tout à moi. »

« — C'est une plaisanterie, repartit Renaud de plus en plus troublé. Une si petite quantité, à quoi vous servirait-elle? je vais vous en envoyer un bocal plein de la même qualité. »

« — Elle me servira à prouver aux autres ce que je sais déjà, que tu es un scélérat consommé dont il est temps que la justice des hommes nous délivre, puisque Dieu ne veut point prendre la peine de t'anéantir. »

« — Vous êtes folle. De quoi m'accusez-vous? »

« — De peu de chose, sans doute, d'avoir voulu m'empoisonner à l'aide de cette poudre vénéneuse. La preuve du crime est là, et certes il faut cette fois que tu l'expies. »

« — Laisse-moi sortir, malheureuse qui mérites la mort que tu prétends que je veux te donner ; et si tu ne le fais, ce couteau me délivrera de ta personne? »

« — Ah! tu me menaces. Eh bien! voyons si nul ne viendra à mon secours. »

Pétronille frappa des mains ; les portes du corridor et celle de la chambre intérieure furent ouvertes à la fois. Quatre ou cinq hommes et autant de femmes se présentèrent : c'étaient les habitans de la maison.

CHAPITRE III.

LES TERREURS D'UN COUPABLE.

Mortem timere crudelius est quam mori.
SYRUS.
La crainte de la mort est souvent plus cruelle que la mort même.

Il y avait des instans où le comte de Terneuil avait pitié de la douleur que ressentait sa tante au sujet de la fuite de Louise: il voulait parfois la rassurer; mais ce bon mouvement était contenu, lorsque des paroles d'égoïsme échappaient à la marquise. Celle-ci, au milieu de son désespoir, montrait une telle frayeur de la colère de Guernon qu'il était facile de reconnaître que, pour assurer sa tranquillité personnelle, elle ne balancerait pas, s'il le fallait, à sacrifier sa nièce. Terneuil alors retenait l'aveu qu'il était tenté de faire; il gémissait de ce sentiment intéressé qui obscurcissait les autres qualités de la dame. Il causait avec Helbert, lorsque Barras entra. Le fournisseur, en proie en ce moment à une inquiétude presque visible, la dissimula pour recevoir avec distinction un conventionnel dont l'influence était connue.

Barras, après avoir causé avec lui quelque temps, s'approcha d'Helbert, qui était là, et fit un signe rapide au comte de Terneuil, pour lui apprendre qu'il avait à lui parler, et qu'il ne songeât pas à quitter le salon avant d'avoir reçu de plus amples instructions. Sur ces entrefaites, un domestique apporta à Clourfond une lettre ainsi conçue :

« Mon cher ami, je suis bien malheu-
» reux ; on m'accuse d'un crime infâme ;
» on me retient en charte privée, d'où je ne
» sortirai que lorsque vous serez venu à
» mon secours. Ne perdez pas de temps ; si
» vous tardiez trop, la calomnie pourrait
» s'attaquer à d'autres qu'à moi. Je suis chez
» la citoyenne Rascas ; il n'y a pas à calcu-
» ler, décidez-vous, et craignez de mal choi-
» sir.

» Votre dévoué

» RENAUD. »

Un coup de poignard aurait blessé moins profondément le fournisseur que cette lettre fatale ; il eut besoin de tout son courage pour ne pas manifester son effroi et sa douleur. Il réfléchit un instant, comprit que ce qu'il avait de mieux à faire était de se rendre à l'invitation de Renaud. Il appela Helbert, lui recommanda de l'excuser auprès de la compagnie qu'il quittait, et sortit, s'abandonnant à sa mauvaise étoile. Il marcha d'un pas précipité, maudissant son complice et Pétronille, le ciel et la terre, lui-même et l'enfer. Il se voyait environné d'un filet immense et fortement tissé, dans lequel il se débattait en vain; son avenir devenait à chaque instant plus sombre, et il commençait à s'avouer que la main de la providence pesait enfin sur lui. Ce n'était pas non plus sans une terreur légitime qu'il se préparait à se montrer devant une femme impitoyable, sans doute, parce qu'elle ne se fierait plus à lui.

Il arriva devant la maison, monta lentement l'escalier, jeta un regard de rage sur la porte de l'appartement d'Adélaïde, en songeant que l'entrée de cette jeune fille dans cette maison avait été le commencement de ses mésaventures. On l'attendait; il y avait deux hommes forts et vigoureux, postés dans le corridor, qui le laissèrent passer. Il arriva tout tremblant dans la chambre de Clotilde, où il se trouva face à face avec Renaud. Celui-ci était assis sur le sofa, dans l'attitude d'un homme profondément accablé ; ses cheveux hérissés, ses yeux hagards, sa figure décomposée annonçaient l'état de son âme. Il regarda Clourfond sans faire aucun mouvement ; puis, à voix basse et avec un sourire affreux, il lui dit :

« — Me voici bien. »

« — Qu'est-ce donc qui est arrivé, mon ami ? lui demanda plus bas encore le fournisseur et du ton du plus vif intérêt ; dans quel piége la malice humaine vous aura-t-elle jeté ? »

« — C'est au fond d'un abîme dont je ne sortirai que par votre secours, à moins que vous ne vouliez y tomber avec moi ; ce qui serait bien possible. »

« — Allons, allons, mon ami, remettez-vous ; la chose n'est peut être pas autant désespérée que vous paraissez le croire. Pétronille est-elle morte ou expirante ? » demanda-t-il plus bas encore.

« — Elle est pleine de vie, de par tous les diables! elle existe pour ma perte et pour la vôtre; j'ai été dépisté comme un sot; elle s'est méfiée de moi, a pris ses mesures, et, au moment où je me félicitais d'en avoir fini avec elle, la coquine m'a complètement joué. »

« — Et la tabatière? »

« — Est en son pouvoir. »

« — Ah! »

« — Oui, ce témoin muet, mais terrible, décide mon sort. Je resterai ici, jusqu'à ce que Saint-Just arrive. Il m'interrogera, m'a dit Pétronille, et puis on me conduira à la Conciergerie, et puis Fouquier-Tainville s'emparera de moi, et puis... »

Renaud contracta tous ses membres avec une frénésie horrible, se laissa tomber sur le sofa... Ensuite se relevant tout à coup et s'adressant à Clourfond avec un redoublement de désespoir :

« — Du moins, s'il faut que je meure d'un supplice infâme, je ne périrai pas seul ; tu viendras avec moi sur le même échafaud ! toi, serpent endiablé, qui, le premier, m'as fait commettre une mauvaise action ! »

« —Voilà de la folie, Renaud, répondit Clourfond en affectant un calme qui n'était pas dans son âme. Est-ce en m'ôtant les moyens de te servir que tu parviendrais à te sauver ? Crois-moi, ne revenons point sur le passé ; si j'ai semé dans ton cœur, la terre était fertile. Il ne s'agit plus de cela, mais de ta position actuelle ; je veux t'en sortir coûte que coûte. Sois sans crainte, et confie-toi à ton ami. »

« — A la bonne heure ! pourvu que tu ne cherches pas à me tromper ; je veux bien me confier à toi, mais seulement tant que je demeurerai où nous sommes ; si, au contraire, j'en sors pour aller coucher en prison, alors ne te flatte plus que je conserve aucun ménagement, car il ne me restera plus aucune espérance. »

« — Je te le répète, je veux tout ce qui te sauvera. Puis-je dire mieux ? »

« — Dire, non ; faire, c'est là ce que je vais savoir. »

Renaud, élevant la voix, appela Pétronille Rascas, qui vint aussitôt. Elle se plaça contre la porte du corridor, et, de ce poste, elle attendit que l'on entâmât la conversation. Renaud avait un intérêt pressant à ce qu'elle eût une heureuse issue ; et comme les deux autres personnages gardaient un silence profond, il le rompit avec une sorte d'impatience.

« — Eh bien ! citoyenne, mon ami est venu, disposé à tout pour me servir. Fais tes conditions, afin qu'il les connaisse. »

« — Des conditions ! et à quoi bon, misérables que vous êtes tous les deux ? il ne ne peut plus exister de la confiance entre nous. Quelle foi accorderais-je à des assassins, à des empoisonneurs ? »

« — Pétronille, dit Clourfond, quelles que soient les fautes que j'ai commises, je ne les aggraverai point en acceptant la responsabilité d'une tentative qui m'est absolument étrangère. Je sais imparfaitement ce

2*

que tu reproches à Renaud; et, quoi que ce puisse être, si, par hasard, il est coupable, ce que je ne crois point, il l'est du moins sans mon consentement ou ma participation. Ainsi, que tu l'accuses à tort ou à raison, je ne suis et ne veux être pour rien dans cette fâcheuse affaire. Cependant, comme je lui suis très-attaché, que je lui sais des qualités essentielles, je veux le servir de tous mes moyens. »

« — Qui se ressemble s'assemble. Jamais proverbe ne fut mieux appliqué, » murmura tout bas Pétronille.

« — Ainsi donc, continua Clourfond; je suis prêt à exécuter de point en point tout ce que tu exigeras. »

« — Séance tenante? »

« — Oui. » (Ceci fut dit en hésitant.)

« — Eh bien! tu vas d'abord écrire, et lui avec, que, méchamment et pour rendre Louise de Terneuil unique héritière des biens de son père, vous avez, l'un et l'autre, privé de son état, par de faux actes, la sœur puînée de cette demoiselle. »

« — Je ne ferai jamais cette déclaration, » dit le fournisseur.

« — Je suis prêt à la signer de mon sang, » dit son complice.

« — Y songez-vous, Renaud ? »

« — Oui, car je ne suis pas libre. La mort m'est affreuse, je veux m'en affranchir à tout prix. »

« — Allons, puisqu'il faut sauter le pas, dit Clourfond, je ferai comme mon ami ; mais à condition qu'elle deviendra la femme de mon fils. »

« — Ceci ne me regarde point, c'est l'affaire du comte de Terneuil et pas la tienne ou la mienne ; ce que je puis te promettre, c'est que je n'y mettrai aucun obstacle. »

Renaud se leva, et, voyant sur une table du papier timbré, il se mit à écrire l'aveu sincère de son crime. Il était maire de la commune dans laquelle Ernestine de Terneuil avait été conduite en quittant le château où elle fut élevée ; là on feignit sa mort, qu'un acte légal, dressé par Renaud, constata. Il fabriqua ensuite de faux papiers, qui donnèrent à la jeune Adélaïde une mère qui n'existait point, et la créèrent fille adultérine de Clourfond.

Ce dernier prit cette déclaration, la lut à diverses reprises, la signa enfin, et, avant de la remettre à Pétronille, qui tendait déjà la main pour la prendre :

« — Que veux-tu en faire? demanda-t-il à la vieille femme. Est-ce pour nous accabler que tu t'en serviras? »

« — Non, je te le jure par les cendres de ma famille, telle n'est pas mon intention. Je veux que le comte de Terneuil puisse acquérir la preuve certaine de l'existence de sa seconde sœur. Cet homme, continua-t-elle en désignant Renaud, trouvera le moyen d'anéantir l'acte original ; et alors ni lui ni toi n'aurez plus rien à démêler avec la justice. »

Renaud, en écoutant ces paroles, se crut sauvé ; il avait, à l'avance et par un excès de précaution, enlevé des registres de l'état civil de sa commune le feuillet sur lequel, devant Clourfond, il avait couché l'acte de décès de mademoiselle de Terneuil. Ainsi, par le fait, il n'existait contre lui d'autre preuve que celle résultant de la copie légalisée que Clourfond devait avoir chez lui. Il ne dit rien de cet incident heureux, se contentant de répondre qu'il avait un trop vif intérêt à être délivré de toute crainte pour ne pas se conformer à ce que Pétronille lui disait.

« — Maintenant, reprit-elle, il faut qu'un second acte assure l'état de Clotilde, et que, dans la même pièce, tu t'engages à m'épouser, dès que je te le commanderai. »

« — C'est une chose trop impossible, elle n'aura pas lieu, » répliqua Clourfond avec un calme singulier, vu sa position du moment.

« — Tu agiras à ta guise, dit Pétronille non moins tranquillement. Ce que je sais, je vais te l'apprendre. Dès que Saint-Just arrivera, je lui remettrai un certain marteau dont l'un et l'autre vous êtes servis ; je lui donnerai des renseignemens qui le mettront à portée de voir clair dans un meurtre commis naguère rue de Berri... »

« — Infâme créature! s'écria Clourfond en grinçant des dents; ce n'est pas moi qui suis né pour ta perdition, mais toi pour la mienne. »

Il fit un pas vers la table, et puis, se reculant avec une expression frénétique :

« — Non, et mille fois non! je ne me mettrai pas à ton pouvoir! Que je meure! la mort me sera moins amère que la frayeur de t'appartenir! »

On sonna...

« —Voici Saint-Just, » dit Pétronille avec une joie maligne.

Renaud s'élança de sa place aux genoux de Clourfond.

« — Oh! de grâce! s'écria-t-il, accorde-lui tout ce qu'elle te demande! Tu sais comme Saint-Just est inexorable : j'entends des pas; il approche... Sauve-toi! sauve-moi! sauve ton fils d'un déshonneur éternel! »

La porte s'ouvrit, Saint-Just se montra.

Le fournisseur, terrifié à sa vue et courbé sous le poids du crime, dit à Pétronille, avec une épouvante inexprimable :

« — Je signerai. »

« — Qu'est-ce donc que ces hommes qui gardent la porte? » demanda le conventionnel.

« — Va auprès de Clotilde, répliqua Pétronille; j'irai bientôt t'expliquer ce qui est arrivé. Ma fille t'attend, elle t'annoncera une bonne nouvelle : tu la trouveras dans la cuisine. Je suis en affaire avec ces citoyens. »

Saint-Just, qui aimait mieux causer avec la fille qu'avec la mère, accepta cette explication, tourna le dos, et le bruit de ses pas se perdit dans le corridor. Renaud respirait à peine, sa pâleur était cadavéreuse, il venait d'éprouver toutes les angoisses du supplice, et le lâche était incapable de le supporter avec fermeté. Clourfond, au contraire, portait sur sa figure un rouge ardent allumé par la rage qui le dévorait; il tremblait de frayeur, il écumait de colère ; la mort lui semblait moins hideuse qu'insupportable l'union qu'il allait contracter. Il ne dit rien, traça rapidement deux phrases ; l'une énonçait son projet de reconnaître légalement Clotilde en qualité de sa fille naturelle ; l'autre donnait à Pétronille Rascas la certitude d'être épousée par lui, aussitôt qu'elle en manifesterait le désir. Cela fait, il demanda ce qu'on voudrait encore exiger de lui.

« — Rien de plus, dit Pétronille, sinon que tu certifieras au comte de Terneuil tout ce que tu viens d'avouer, et que tu lui remettras les douze cent mille francs du dépôt de son père, afin qu'il les partage également entre ses deux sœurs. »

« — Oh ! dit Clourfond, ceci ne sera pas exécuté de long-temps. Le comte, quoi que tu en dises, ne se hasardera jamais à venir en France. »

« — Il y est pourtant. »

« — S'il y est, il est nécessaire que je le voie ; car nous avons de grands intérêts à régler ensemble, et le plus tôt ne sera que le mieux. »

« — Tu le connais sans le connaître, tu le vois sans le voir. Je te mettrai en rapport avec lui dès qu'il aura consenti à donner à ton fils l'une de ses sœurs en mariage. »

« — Soit ; alors je m'exécuterai. Maintenant, je te le demande encore, puis-je me retirer avec mon ami ? »

« — Oui ; mais je tiens à conserver sa tabatière comme un gage de son amitié et de son amour. Chaque fois qu'elle me servira, je me rappellerai votre scélératesse réciproque. Partez, et toutefois souvenez-vous bien que, si vous manquez l'un ou l'autre à la moindre des conventions que nous avons arrêtées ensemble, je vous anéantirai sans plus vous avertir. A propos, Clourfond, donne une douzaine de louis à ces bons voisins qui m'ont secourue avec tant de chaleur. Je leur dois une récompense : paie-la en avance de la bourse de noces que certainement tu me donneras. »

Le fournisseur laissa échapper un blasphème exécrable; il prit de l'or dans sa main, Pétronille passa devant; elle dit aux hommes qui étaient de garde :

« — Grand merci, citoyens; je suis d'accord avec ceux-ci. Ils récompenseront votre zèle et vous feront, en outre, des remercîmens par-dessus le marché. »

Pétronille revenant toujours à son caractère malicieux, ne pouvait se retenir de goguenarder aux dépens de ceux qui avaient voulu lui arracher la vie. Ils payèrent la somme exigée pour qu'on leur laissât le passage libre, et ils purent sortir enfin de cette funeste maison.

CHAPITRE IV.

LA RÉSOLUTION.

Les fautes conseillent les fautes, et le crime appelle au crime.

RESTIF DE LA BRETONNE.

CE fut sans se parler, sans s'adresser aucun reproche que tournant à droite dans la rue d'Argenteuil, ne sachant trop ce qu'ils faisaient, ils vinrent par la butte Saint-Roch dans la rue des Moulins, alors bien plus solitaire que maintenant, et où littéralement, au pied de la lettre, on pouvait stationner long-temps sans craindre le passage d'un indiscret. Là, tous les deux coupables par un mouvement spontané, s'arrêtèrent en même temps. Clourfond, à la lueur d'un réverbère, regardant Renaud, encore pâle et défait :

« —Eh bien ! misérable poltron ? dit-il, douterez-vous de mon amitié ? vous me coûtez furieusement cher, et cela bien plus que vous ne valez sans doute. Dans quel abîme m'avez-vous poussé ? »

« —Vraiment, repartit le complice tout tremblant au souvenir du péril horrible dans lequel il venait de se trouver, je vous aurais voulu à ma place, pris sur le fait par une infâme coquine et menacé de la vengeance de Saint-Just. Plus je fais mal, plus je tiens à ma vie. Le moment de la quitter me sera toujours affreux, même quand la nature défaillante se retirera de moi ; jugez donc combien plus elle me serait amère s'il fallait la perdre de la main du bourreau. »

« —Seriez-vous mort en montrant plus

de courage ? Il me semble que votre tête a faibli facilement, tant il y a enfin que je me suis perdu pour avoir voulu vous sauver; que mon existence sera désormais empoisonnée, et qu'il n'y aura plus pour moi sur la terre une minute de repos... Mais, poursuivit Clourfond après un instant de silence et avec une véhémence croissante, jusqu'au bout ne vous flattez, ni vous ni elle, que je plie sous le joug exécrable que l'on veut m'imposer. Je m'en affranchirai d'une manière ou d'autre. Oh! comment pourrais-je consentir à vivre dans la compagnie d'une créature que je hais par-delà toute expression ? »

« — Mon Dieu ! dit Renaud en cherchant à calmer le fournisseur dont il redoutait la violence, craignez de vous embarquer dans une mauvaise affaire ; songez aux titres irrécusables que cette femme a obtenus de votre main et de la mienne : nos folies nous ont mis sous sa dépendance, la raison veut que nous ne cherchions pas à la secouer. »

« — Il y a dans ce qui vient d'avoir lieu, repartit Clourfond, une intrigue mystérieuse qu'il faut éclaircir. Ne trouvez-vous pas étrange que Pétronille se soit doutée d'abord que la tabatière contenait du poison ? »

« — D'abord non, répondit Renaud, je puis l'affirmer; il n'y avait dans ses yeux aucune méfiance, vous pouvez m'en croire, car je l'examinais en homme qui a le plus vif intérêt à connaître ce qu'elle pensait ; elle allais puiser la mort avec une ignorance complète dans la poudre que je lui présentait ; mais il n'en a pas été de même lorsqu'elle est revenue de la porte de l'escalier où l'avait appelé un fort coup de sonnette. Alors toute sa personne était singulièrement agitée, sa marche, ses gestes, ses yeux agissaient à l'unisson : j'aurais dû me défier de ce qui avait pu se passer pendant cet espace de temps, mais le diable m'égarait et si près du succès, car j'ai commis la faute de ne voir que lui. »

« — Ainsi, dit Clourfond en réfléchissant profondément, tout nous démontre que Pétronille vous a quitté pour aller recevoir une lumière fatale. Qui la lui a donnée? ce n'est pas vous, ce n'est pas moi; quand je dis cependant que ce n'est pas moi, c'est là peut-être où je me trompe, et si même mon esprit forme une conjecture plausible, je dois m'accuser d'avoir fourni l'arme avec laquelle on nous a si bien frappés. »

« — Cela est impossible, mon ami. »

« — Cela n'est que trop vrai cependant; au reste, la sottise consommée, il m'en revient l'avantage de connaître positivement de quel bras le coup est parti. »

« — Et qui en accusez-vous ? »

« — Le comte de Terneuil en personne. »

« — Ainsi vous croyez qu'il est à Paris? Pétronille, il est vrai, l'a soutenu plusieurs fois ; mais où se cache-t-il? et comment a-t-il pu savoir ce qui était secret entre vous et moi? »

« — Parce que je le lui ai conté moi-même ; non pas clairement, mais de sorte néanmoins à lui faciliter les moyens de nous nuire. »

« —Vous le voyez donc ? »

« — Oui, chaque jour, et il s'asseoit à ma table. »

« — Expliquez-moi ce mystère. »

« —Je le ferai sans travail. Le prétendu Joseph Saurin, dont j'avais fait le comte de Terneuil, n'est autre que le comte même. »

« — Ah ! je l'avais toujours soupçonné, je vous l'avais dit, et vous n'aviez pas voulu me croire. »

« —Vous voyez que j'en suis rudement puni. Ce fourbe odieux m'a trompé, m'a joué avec une adresse extrême ; je me suis livré à lui pieds et poings liés, les choses en sont venues au point que lui ou moi devons disparaître de la terre. »

« — Je présume que vous lui donnez la préférence pour le départ. »

« — En doutez-vous ? il connaît maintenant toute ma vie. Pétronille la lui expliquera d'ailleurs dans les moindres détails ;

il se liguera avec elle pour décider ma perte, et qu'en résultera-t-il? votre malheur et le mien. Il est venu tantôt m'annoncer qu'il n'avait pu retirer Louise des mains de Pétronille. Je me suis oublié au nom de cette femme, et dans ma folie j'ai laissé échapper des paroles menaçantes contre elle ; il les aura recueillies, et un messager sera venu de sa part, et sans perdre de temps, avertir notre ennemie du complot formé contre elle. Le reste s'explique de lui-même ; elle vous a soupçonné d'abord, a fait appeler les voisins, et vous a surpris la main dans le sac. Votre sotte pusillanimité l'a merveilleusement servie : vous n'avez su qu'avoir peur, elle en a profité, et la scène a été jouée jusqu'au bout. Oui, voilà ce qui est, voilà toute la vérité ; j'ai nourri un serpent dans mon sein en la personne du comte, en outre de cet émigré qui est chez moi sous le nom d'Edouard ; mais qu'ils ne se flattent pas d'une victoire complète, je la disputerai et j'ose croire avec avantage. Le comte disparaîtra le premier ; plus tard je verrai à me débarrasser de l'autre. »

Renaud approuva le dire de Clourfond, néanmoins il essaya de l'engager à patienter encore ; car il redoutait beaucoup l'ascendant de Pétronille et l'intérêt qu'elle portait aux Terneuil ; il se trouvait d'ailleurs entièrement à sa merci, et il craignait de la fâcher de nouveau ; mais il parlait à un homme trop violemment agité pour prêter l'oreille à des conseils timides. Clourfond lui répliqua :

« —Tenez-vous en repos ; je me charge seul de notre délivrance. Pétronille disparaîtra comme le comte, et moi seul je me sauverai. Allez dormir, Renaud, si cela vous est possible. Quant à moi, je ne chercherai plus le sommeil que lorsque le sort de ces objets de ma haine sera irrévocablement fixé. »

Ils continuèrent de cheminer ensemble jusqu'à l'hôtel de Clourfond, où ils se séparèrent. L'effroi dont Renaud avait été saisi pendant cette soirée désastreuse imprimait en lui une telle peur qu'il ne possédait plus rien de son ancienne énergie.

Instruit des projets de son complice qui ne tendaient à rien moins qu'à les rejeter sur la mer orageuse dont ils venaient de se retirer, et craignant que leur exécution mal combinée ne les ramenât devant l'échafaud, il forma un instant le dessein d'aller tout découvrir à Pétronille.

C'était sans doute le meilleur parti à suivre, quoiqu'il eût ses périls; le premier était de se brouiller avec Clourfond, dont il attendait maintenant toute son existence, et auquel il ne pourrait plus faire de mal sans que lui-même en fût atteint. Il avait perdu, par la cession forcée de la terre acquise en son nom, et que Pétronille lui avait enlevée, le prix de tous ses crimes; il ne lui restait plus qu'une existence précaire, que le fournisseur pouvait seul améliorer.

Ceci le décida à se taire, sauf meilleur avis, et suivant ce que le temps amènerait de nouveau. Il acheva d'arriver à sa maison, et lui non plus ne put goûter un repos tranquille : des songes affreux le tourmentèrent toute la nuit et le ramenèrent plusieurs fois sur cet échafaud, objet de son horreur invincible.

Clourfond ne prit pas la peine de se coucher; il travailla à dénaturer sa fortune, à pouvoir en soustraire la meilleure partie à l'avidité de Pétronille, de Clotilde, et par suite de Saint-Just; puis il arrêta ce que le lendemain il aurait à faire: tout fut pesé, examiné sévèrement, et plus il calcula les choses, plus il se convainquit de l'avantage qu'il y avait pour lui dans la mort du comte de Terneuil.

« S'il disparaît, se disait le fournisseur à lui-même, cette femme perd la verge majeure dont elle veut me frapper, ses sœurs demeurent en ma puissance; Guernon épousera l'une, et Helbert l'autre; dois-je espérer, dans l'état actuel des choses, et quand le comte de Terneuil me connaît sous des rapports affreux, qu'il consente jamais à s'allier à ma famille? non certes, il ne le fera pas; alors, son billet de dépôt à la main, il réclamera les douze cent mille francs de son père; je perdrai cette somme; je perdrai en outre la terre cédée à Pétronille; je serai dans la voie de ma ruine complète, outre le déshonneur qui rejaillira sur moi et les miens, tandis qu'au contraire, l'émigré mort, ses sœurs sont sous mon autorité, et je dispose à ma fantaisie de leurs biens et de leur personne. »

D'autres réflexions prolongées achevèrent d'affermir sa résolution; il décida que l'existence du comte de Terneuil serait révélée à l'accusateur public, et qu'il s'arrangerait de manière à le faire arrêter à propos, et dans un lieu où la légation de Prusse ne pût venir à son secours avant son emprisonnement. Tout à coup une idée infernale germa dans sa tête; il songea que la maison où Louise était retirée serait un bon endroit pour prendre le comte, et qu'enlevé de là, on ne pourrait l'accuser d'avoir pris part à cet acte de rigueur. Il s'applaudit de cette pensée, et se flatta de la mettre à exécution avant peu.

Le jour luisait, qu'il rêvait encore à ses

projets de vengeance ; aucun ne lui paraissait complet, si Pétronile devait exister après leur accomplissement : c'était à elle qu'il en voulait avec plus de rage et de constance. Il ouvrit son secrétaire, en sortit un poignard long de six pouces, mince et carré, monté sur un manche d'or, enrichi de pierreries. C'était une arme superbe et dangereuse ; le coup qu'elle porterait deviendrait mortel. Le fournisseur la tira de son fourreau de nacre de perle magnifiquement incrusté, l'examina avec soin, s'assura de sa solidité, fit à deux reprise le geste d'en frapper quelqu'un, et puis l'ayant remise dans la gaîne, la cacha dans une poche particulière de sa carmagnole, qu'il avait fait ouvrir du côté droit.

Il attendit avec impatience que six heures eussent sonné ; on était alors dans le mois de juillet, aux plus long jours de l'année ; dès qu'il crut pouvoir sortir utilement, il quitta son logis. Sa première pensée avait été de se concerter avec Guernon ; mais, il se dit qu'un témoin de plus de ce qu'il allait faire était inutile au moins, s'il n'était dangereux. Il passa donc devant le logis du sans-culotte, et marcha droit à celui qu'habitait l'accusateur public. Certes l'heure n'était pas avancée, et déjà plusieurs personnes assiégeaient la porte de ce monstre, sans pouvoir parvenir à lui. Il y avait là des mères, des femmes, des sœurs, des amantes peut-être, toutes venant solliciter une pitié qui n'existait pas, et demander des grâces à qui n'ordonnait que des supplices.

Des gardiens inexorables repoussaient le groupe infortuné, parmi lequel on voyait à peine deux ou trois hommes, soit que notre sexe dédaigne de prier les méchans, soit qu'il soit plus facile à craindre pour soi-même ; là on entendait des pleurs, et tous les visages étaient pâles et hâves; une douleur profonde, un désespoir sans borne, s'y peignaient en traits ineffaçables; une âme douce devait être brisée, si elle contemplait ce dévouement et ces terreurs. Clourfond, insensible à tout chagrin qui ne lui était point personnel, traversa d'un œil sec la foule suppliante; le portier l'arrêta, comme il avait arrêté les autres, en lui déclarant que le citoyen Fouquier-Tainville n'était pas visible.

« — Je viens pour une dénonciation qui presse, » répondit Clourfond d'une voix haute et dure. A ces mots, les personnes qui l'environnaient se reculèrent de lui en manifestant leur horreur et leur indignation, tandis que par un mouvement contraire, le portier lui répliqua avec une mine gracieuse :

« — Entre, citoyen; les bons patriotes sont toujours les bienvenus. »

La porte franchie, Clourfond n'éprouva plus d'obstacles jusques à la salle qui précédait le cabinet de l'accusateur public ; ici deux sans-culottes, dans la rigueur du costume, lui demandèrent ce qu'il voulait; il répéta la phrase qui devait lui servir de passe-port, et là comme ailleurs elle obtint le même résultat. Un des satellites fut trouver leur chef, et le prévint qu'un patriote dénonciateur demandait à lui parler.

« — Qu'il vienne sur-le-champ, » dit Fouquier-Tainville; et puis il se dit tandis que l'on exécutait son ordre :

« — Voici peut-être un jalon qui servira à trouver la conspiration nouvelle dont Robespierre a besoin : je tiens à le contenter. Je ne sais ce qui l'éloigne de moi ; il est certain que depuis quelques jours il ne me traite pas avec sa bienveillance accoutumée. On m'aura desservi dans son esprit; et de sa haine au supplice il n'y a qu'un pas. Il serait plaisant qu'à mon tour je montasse sur la charrette fatale ; oh non, cela ne peut être ; je suis trop nécessaire à la république : où trouverait-elle mon équivalent ? »

Fouquier s'arrêta. Une vision mystérieuse et vengeresse passa devant ses yeux ; il en éprouva une terreur immense : il avait vu..... Je me tais ; la providence ne tarda pas à lui prouver que, tôt ou tard, lle atteignait le crime.

CHAPITRE V.

LE CABINET DE FOUQUIER-TAINVILLE.

> ....Car dans cet antre
> Je vois fort bien comme l'on entre,
> Mais ne vois pas comme l'on sort.
>
> La Fontaine, *le Lion malade et le renard.*

Fouquier-Tainville n'était pas dans une bonne disposition d'esprit lorsque Clourfond entra dans son cabinet : c'était au reste la première fois que celui-ci avait cet honneur. La pièce était médiocremen grande : un papier tricolore en faisait tou l'ornement; quelques livres en petit nombre; une multitude de liasses de procédure ; des cartons rangés sans ordre; le buste de Marat en évidence ; des chaises de vieux maroquin jaune, et, sur la cheminée, deux vases de porcelaine ébréchés, mais remplis des plus belles fleurs de la saison, achevaient, avec un vaste bureau noir, de compléter l'ameublement. L'accusateur public avait un siége de bois blanc. Rien n'indiquait le luxe : c'était une sorte de pauvreté fastueuse, de simplicité menaçante. On ne pouvait espérer de séduire par l'appât de l'or un homme qui dédaignait le faste et même les commodités de la vie.

Il y a eu quelque chose de bien remarquable dans la personne de ces cannibales français : leur dédain de l'or, leur indifférence de l'avenir, cette vertu de désintéressement si rare parmi les coupables; non que je prétende que tous les conventionnels sanguinaires fussent des Aristides; mais plusieurs d'entre eux témoignèrent que, s'ils étaient altérés de sang, ils n'avaient pas la soif des richesses. Fouquier-Tainville, dont je n'écris le mot qu'avec frémissement, ne reçut aucun prix des services qu'il aurait pu rendre : le supplice le montra pauvre. Sa femme acheva de tomber dans une telle indigence, qu'elle a fini par mourir de faim au bas d'un escalier, dans la rue Saint-Martin, plusieurs années après la restauration.

Les vêtemens de l'accusateur public étaient en harmonie avec la décoration du cabinet; leur saleté sautait aux yeux. Sa chemise, son gilet (il ne portait pas de col), sa veste semblaient être sur son corps depuis plusieurs semaines. Son visage hideux était à l'avenant, ainsi que ses cheveux courts, huileux et jamais peignés; un tic convulsif achevait de le défigurer. On ne pouvait l'approcher sans effroi et dégoût. Dès qu'il aperçut Clourfond, ses yeux s'allumèrent; il oublia le motif pour lequel celui-là s'était fait annoncer, et le regardant de manière à le terrifier :

« — Ah! c'est toi, dit-il, qui viens sans

doute te réjouir d'avoir semé la discorde entre de vrais patriotes ? »

Cette inculpation grave fit trembler le fournisseur ; il se hâta de répondre que jamais il ne croyait avoir commis ce crime, et que si involontairement il s'en était rendu coupable, il ne demandait pas mieux que de réparer son tort.

« — N'est-ce pas toi, reprit Fouquier-Tainville, qui as porté plainte à Robespierre contre Guernon, mon cousin ? N'es-tu pas la cause que celui-là m'a maltraité de paroles ? Je ne sais qui me retient de lancer contre toi un mandat d'arrêt. »

« — Ce serait bien injuste de ta part, répliqua Clourfond avec une sincérité frappante, car, loin d'être contraire aux prétentions de ton parent, je suis le premier à les approuver et à les soutenir. Quoi que mon fils puisse dire, il n'aime point la jeune personne que Guernon veut épouser; il la veut donner à un de ses amis, et c'est par cette raison qu'il a feint devant Robespierre de la disputer à Guernon ; mais moi, qui lui destine une autre femme dont il est amoureux, et qu'il acceptera avec transport; moi qui tiens à donner à la république la preuve de mon patriotisme, je te jure, je m'engage avec toi par ma vie, à conclure le mariage de Louise de Terneuil avec ton parent, et cela dans le plus bref délai possible. »

« — Mais, dit Fouquier-Tainville quelque peu radouci par les paroles qui portaient le cachet de la sincérité, on dit que cette jeune fille est disparue; comment alors pourras-tu la faire épouser à Guernon?»

« — Très-facilement, car elle est retrouvée : je sais qui l'a ravie, et je viens te parler à ce sujet : nous sommes citoyens avant que d'être à nos familles et à nos amis; la patrie est notre première mère, et nos devoirs envers elle passent avant tous les autres. »

« — C'est vrai, et je suis charmé de te voir dans ces bons sentimens. »

« — Il faut qu'ils remplissent bien mon cœur pour me décider à la démarche que je viens faire auprès de toi. Je me flatte qu'elle te prouvera la pureté de mes opinions révolutionnaires. Crois-tu, citoyen, que ce soit une nécessité de dénoncer à l'autorité compétente un émigré rentré malgré la loi ? »

« — Dis un devoir sacré. Ne point le faire est un forfait positif; c'est se déclarer parricide envers la patrie. »

« — Eh bien ! puisque tu t'exprimes ainsi, tu ne trouveras pas étrange que je te dénonce la présence à Paris du ci-devant comte Salvien de Terneuil, frère de la jeune personne que ton cousin épousera bientôt. »

« — Ah ! ah ! répondit Fouquier-Tainville en manifestant une surprise, non sans quelque mélange de dépit, voilà un acte particulier de civisme. Comme fonctionnaire, je dois le louer : mais ne crains-tu pas que cette arrestation devenue nécessaire, que cette condamnation à mort qui s'ensuivra, ne soit nuisible au mariage de mon cousin ? »

Clourfond, avec une rare présence d'esprit, devina rapidement le sens caché du propos de Fouquier-Tainville. Celui-ci voyait dans la dénonciation qui lui était faite un piége tendu à Guernon. Le fournisseur avait à craindre que sa démarche, loin de lui servir, tournât plutôt contre lui ; aussi, pour éviter d'embarrasser sa position déjà assez gênée, il se hâta de prendre la parole :

« — Pas plus nuisible au mariage de ton cousin qu'à celui de mon fils ; car celle qu'il chérit d'amour et que je lui fais épouser le même jour de la noce de l'autre, est la sœur puînée de la citoyenne Terneuil. »

« — En vérité ! s'écria Fouquier-Tainville avec stupéfaction, cette fois ton patriotisme jette un éclat dont le nôtre ne saurait approcher ; il immole les affections de famille à l'intérêt de la chose publique. Tu mérites une mention honorable de la convention nationale, et je me fais fort de te la faire accorder. »

« — Mon ambition ne va point jusque là : c'est ton amitié que je souhaite ; elle suffit à mon contentement. »

« — Citoyen, je la dois à ceux qui la méritent, et l'action que tu fais t'en rend digne. Maintenant, fournis-moi les renseignemens nécessaires pour que je puisse faire arrêter le hardi ci-devant. »

« — Il sera bon, reprit Clourfond, d'agir avec prudence ; et voici pourquoi. Le comte de Terneuil est parti de Berlin pour venir chercher ses sœurs. Il voulait les emmener hors de la terre de la liberté, pour les façonner aux maximes du despotisme. Servi dans son dessein par le tyran de Prusse, il est à Paris sous le faux nom de Joseph Saurin, attaché en qualité de secrétaire-expéditionnaire à la légation de cette puissance ; il est hors de doute que l'envoyé le réclamera comme sujet prussien ; mais il y a des personnes qui certifieront son identité. »

« — Toi, d'abord. »

« — Non, en conscience ; car je l'ai vu trop jeune pour le reconnaître aujourd'hui. D'ailleurs, tu conçois que, mon fils épousant sa sœur, il ne serait pas convenable...... Mais fais assigner la femme Pétronille Rascas, et le nommé François Dumont, ancien domestique des Terneuil ; la première, demeurant rue d'Argenteuil, n°.... ; le second, rue de la Parcheminerie, n° 4 ; et ceux-là, par leur déposition, ne laisseront aucun doute dans l'âme des jurés patriotes. Il convient donc de ne pas arrêter cet individu à la légation de Prusse ; on le trouvera demain entre onze heures et midi, rue l'Evêque, n°..., dans l'appartement du deuxième étage, sur le devant; c'est là qu'il tient en charte privée sa sœur Louise, la prétendue de Guernon, depuis qu'il est parvenu à la faire sortir de chez moi. Je te préviens de ceci, afin que tu enjoignes à tes agens de ne point incarcérer pareillement la jeune personne. »

« — Ce serait une sottise, dit Fouquier-Tainville ; car, une fois en prison, on aurait les eux sur elle; et si elle sortait pour épouser Guernon, on m'accuserait peut-être d'avoir fléchi vis-à-vis de cette créature, dans l'intérêt de mon parent. Quant à son frère, ce n'est ni toi ni Guernon qui le poursuivez; c'est moi, au nom de la république. Vous venez tous les deux avec ses sœurs me solliciter : je suis inexorable, et la justice aura son cours. Tu vois, citoyen, que je sais mener la besogne. Achevons cependant celle que nous faisons ensemble.»

Clourfond répéta ce qu'il avait dit. Fouquier-Tainville écrivit les noms des personnes indiquées, les numéros des maisons, et l'heure à laquelle l'arrestation aurait lieu. Il aurait pu adresser au fournisseur des questions embarrassantes relativement à ses rapports récens avec le comte de Terneuil; il n'en fit rien, et pour plusieurs causes; la première provenait de l'avantage que son parent trouvait à ceci; la seconde, parce qu'il s'était convaincu, au dîner de chez Robespierre, que le conventionnel ambitieux avait formé de grands projets, fondés sur le courage d'Helbert, et que celui-ci, selon toute apparence, ne tarderait point à parvenir à une faveur éminente. La courtisannerie commençait à jeter des racines profondes dans le cœur des féroces jacobins.

Tout terminé entre Fouquier-Tainville et Clourfond, un secret absolu demandé et promis, il fallut se séparer. Le fournisseur, en traversant l'antichambre, fut salué respectueusement par ceux qui s'y trouvaient. On calculait son degré d'importance par la longueur de la conversation qu'il avait eue avec l'accusateur public. Il se retira enchanté des coups qu'il venait de porter. Sa joie était grande de placer Pétronille dans une position difficile où elle serait compromise, de quelque manière qu'elle essayât d'agir ; puis, venant à rappeler combien devait être brève la vie de cette femme, il pensa que le tribunal révolutionnaire ne tirerait guère de sa part les lumières dont il aurait besoin.

« — Sa mort, se dit-il, sa mort sanglante

sera attribuée aux amis cachés du comte de Terneuil, et la richesse du poignard aux armes de cette famille, que je laisserai dans la plaie, achevera de tourner les soupçons de ce côté. »

Il ne lui fallait plus, pour assurer la réussite de sa trahison infâme, que d'envoyer précisément le comte de Terneuil chez Louise au moment où on irait l'y saisir. Il se proposa de le voir dans la soirée, et d'arranger les choses de manière à le faire donner dans le piége sans qu'il s'en doute; un point seul l'embarrassait, celui de se démêler des instances et peut-être de la colère de son fils. Au demeurant, il n'était plus loisible de chercher à éviter des scènes désormais inévitables ; la barque lancée devait naviguer au milieu des écueils, jusqu'à ce qu'elle se brisât, ou entrât à pleines voiles dans le port. Il erra pendant le reste de la journée, craignant de reparaître chez lui. Un sentiment de remords qu'il ne voulait pas s'avouer, le cri involontaire de sa conscience lui reprochaient amèrement sa conduite infâme à l'égard d'une famille qui lui avait toujours fait du bien. Les Terneuil, ses bienfaiteurs, devenaient à ce titre ses victimes; il les poursuivait avec une cruauté atroce ; il les accablait de ses perfidies, et il n'en frémissait pas toujours. Cependant, à l'heure où sa dénonciation dévouait à la mort le dernier mâle de ce sang illustre, il éprouva ces étreintes morales qui ont toute la violence des douleurs physiques.

Le fournisseur, pour se distraire, alla chez Guernon, qu'il trouva fort tourmenté. Fouquier-Tainville était venu, la veille au soir, lui faire part de la sortie de Robespierre contre lui. Le sans-culotte n'avait de courage que vis-à-vis des faibles; et lutter avec Hébert, appuyé du dictateur, c'était vraiment pour lui un combat trop dangereux. Il eut bon besoin d'entendre Clourfond lui promettre de nouveau que rien ne serait changé à leurs accords. Il lui avoua même que Louise rentrerait bientôt auprès de sa tante; car on était sur la voie de la rencontrer, et de connaître enfin qui l'avait enlevée, et dans quel dessein.

« — Je suis plus que certain, poursuivit Clourfond, que cet acte coupable émane de son frère. Celui-ci est à Paris, ou y tient un agent dévoué : c'est au reste ce que nous saurons sous peu. »

Guernon, charmé de ces nouvelles agréables, s'engagea plus que jamais envers le fournisseur à prendre partout sa défense, principalement à la société populaire, s'il s'élevait quelque voix pour l'attaquer. Ce misérable ensuite, digne associé de Clourfond, lui proposa, si on trouvait le comte de Terneuil, de le livrer à Fouquier-Tainville, afin, dit-il, qu'il ne puisse plus nous tourmenter, si par malheur il survenait un nouvel ordre de choses; d'ailleurs, par sa mort, nous n'aurions point à partager avec lui les biens séquestrés du père de ma femme et de celle de son fils.

Ceci convenait trop à l'interlocuteur pour qu'il n'abondât pas dans ce sens; il complimenta Guernon de ses sentimens patriotiques, lui recommanda de persister, et sortit pour aller à la recherche de Renaud. Il redoutait son complice, depuis sa pusillanimité de la veille; il voulait ou le faire partir pour la province, ou obtenir de lui l'assurance qu'il montrerait plus d'énergie. Renaud logeait, comme je l'ai dit, rue Sainte-Croix-de-la-Bretonnerie. Il vint lui-même ouvrir à Clourfond, qui reconnut, en le voyant, qu'une dose nouvelle de terreur empoisonnait son âme. Jamais tant d'épouvante n'avait frappé un visage; jamais il ne fut de tremblemens plus convulsifs que celui qui agitait son corps, dès qu'il vit son ami. Il lui prit la main, l'emmena dans la dernière pièce de son appartement, et là, parlant d'une voix si sourde qu'on l'entendait à peine :

« — Nous sommes perdus, vous et moi, et perdus sans ressource. »

« — Est-ce que Pétronille vous a fait dire qu'elle ne veut plus tenir notre marché ? »

« — Il s'agit bien d'elle! ou plutôt il

ne s'en agit que trop. C'est pour le cou que l'enfer est à notre trousse; et comment lui échapperons-nous? »

« — Je ne devine pas les énigmes qu les poltrons proposent, » répliqua Clourfond avec calme.

« — Votre sang se serait figé dans les veines, comme le mien l'a fait, si vous aviez vu ce que j'ai vu. »

« — C'était donc un objet bien effroyable? car la peur vous accable d'une manière dont je suis honteux pour vous. »

« — Oui, insultez-moi, tournez-moi en ridicule; je ne prendrai que trop ma revanche : je vais vous anéantir d'un seul mot. »

« — Et vous ferez bien, car la vie m'est importune, surtout lorsque j'ai à combattre contre votre faiblesse. Enfin, qu'avez-vous vu, si je puis le savoir, et s'il vous est possible de le dire? »

« — Les morts sortent du tombeau. »

« — Rarement, sans doute. »

« — En un mot, la femme Herminier est ressuscitée. »

« — Miséricorde ! s'écria Clourfond ; il ne nous manquait plus que cette dernière infortune ! »

« — Et je l'ai vue en la compagnie de Pétronille Rascas. »

« — De plus fort en plus fort ; c'est comme chez Nicolet, » poursuivit Clourfond en grinçant des dents ; et il tomba évanoui dans les bras de Renaud.

Un long espace de temps s'écoula avant que les soins de Renaud pussent ramener la vie presque éteinte dans les sens de Clourfond. Des crispations convulsives annoncèrent enfin qu'il revenait à lui. Son complice, et pour cause, n'avait pas appelé du secours, quoique peut-être il redoutât une attaque foudroyante d'apoplexie ; il était en proie à une vive agitation, qui diminua à mesure que l'évanouissement disparaissait. Il fit prendre à Clourfond des confortans, il lui mouilla les tempes avec des essences spiritueuses : aussi ses efforts furent couronnés du succès. Le fournisseur respira plus librement, ses yeux s'ouvriren à la lumière, et son sang recommença circuler avec plus de vivacité.

« — Je savais bien, dit alors Renaud, que vous me paieriez cher vos rodomontades. Certes, de tout ce qui pouvait vous tourmenter, c'était le seul cas qui ne se serait jamais présenté à votre pensée ; c'est pourtant un fait vrai, cette diablesse n'est point morte, et je gage que nous aurons maille à partir avec elle. »

Clourfond le laissait parler, pendant que lui-même reprenait ses forces ; il en avait besoin, car il venait d'être atteint d'un coup affreux. Sa victime était ressuscitée, elle ne tarderait pas sans doute à demander vengeance à la loi, et ici les appuis dont il pouvait se soutenir ne lui serviraient à rien dans cette fatale circonstance ; enfin, retrouvant la parole :

« — Etes-vous bien certain de ce que vous venez de me jeter à l'âme ? Philippe Herminier existerait-elle ? et des rapports seraient-ils établis entre elle et Pétronille Rascas?

« — Oui, il doit y en avoir, car je les ai ues ensemble ; c'est ce matin. Je sortais pour me distraire de la funeste scène d'hier; j'allais sans savoir où, lorsqu'une puissance intérieure, dont l'influence violente m'entraînait malgré moi, a conduit mes pas vers la rue de Berri. J'y suis entré en frémissant ; je pâlissais en m'approchant de la maison où nous….Tout à coup, et en levant les yeux, je vois à la fenêtre d'une chambre du troisième étage Pétronille Rascas ; à côté d'elle est une espèce de fantôme, la tête encore enveloppée de linges, mais dont les traits, quoique pâles et maigres, sont trop bien empreints dans ma mémoire. A son aspect, je me jette dans l'allée d'une maison placée vis-à-vis de là ; j'examine, je regarde avec un soin extrême, et je demeure convaincu que je suis en face de Philippe Herminier; dès lors, il ne me reste plus qu'à m'éloigner ; je fuis avec désespoir et frayeur, souhaitant qu'on ne m'aperçoive pu et ne pouvant me flatter de passer inaperçu. Depuis ce moment je n'ai plus de repos, je n'existe qu'en vertu d'angoisses inexprimables. Ah! mon ami, je vous le répète, sans crainte d'être démenti : cette fois, nous sommes perdus, et perdus sans ressource. »

« — Ma foi, dit Clourfond, profondément affecté de ce nouveau revers, j'ai envie de parier ceci de moitié avec vous. Oui, notre but s'éloigne, et les obstacles augmentent. Si j'avais pu savoir ce matin, avant six heures, ce que vous-même ne saviez pas à cette heure-là, il est hors de doute que peut-être j'aurais trouvé une ressource contre ce choc, plus furieux que les aut<s: Maintenant tout est dit, je suis au plein pouvoir de Pétronille, et certes elle ne manquera pas de profiter de ses avantages. »

« — Ainsi, repartit Renaud, nous resterons les bras croisés à attendre que la foudre nous écrase. »

« — Non, si vous inventez un expédient

qui nous place de manière à braver sa chute. »

« — Je n'en vois pas, répliqua Renaud en secouant tristement la tête; mon imagination est glacée. »

« — Ni moi non plus, car je n'ai pas plus de fertilité dans la mienne. La nuit, dit-on, porte conseil, et peut-être, pendant celle qui va venir, trouverons-nous quelque diablerie qui nous sauvera. Vous portâtes faiblement le premier coup, mon cher ami. »

« — Pourquoi ne mîtes-vous pas plus de force au second que vous appliquâtes? il fallait montrer plus de vigueur que moi, » reprit Renaud en affectant un sourire diabolique.

« — Il n'y a que les morts qui ne reviennent pas, ajouta Clourfond; nous nous sommes déjà répétés mutuellement ce mot immortel de Barrère, sans savoir en faire notre profit. Cependant, Renaud, puisque nous avons essayé deux fois sans succès de jouer avec la mort, ne conviendrait-il pas de tenter une nouvelle partie ? la chance pourrait être favorable ; on n'est pas toujours malheureux. »

« — Je le sais bien ; mais que le diable me dévore à l'instant même si je me remets à saisir les cartes, à moins d'un jeu sûr. »

« — On peut les arranger de manière à ce qu'elles ne manquent pas leur service. »

Renaud se plaça devant le fournisseur, croisa ses bras, et lui demanda d'une voix rauque ce qu'il entendait par ces propos.

« — Ce que j'entends, c'est que tout nous conduit au supplice, hors une seule route ; pourquoi ne marcherions-nous point dans celle-là ? »

« — Ecoutez, Clourfond, je vous devine : vous roulez dans votre tête quelque folie sanglante ; gardez-la pour vous, et ne me la communiquez point ; je ne veux, ni pour argent ni pour or, pas plus que pour la couronne de France, si on la repêchait de la boue sanglante où elle est tombée, pour la replacer sur ma tête, m'approcher avec une mauvaise intention de Philippe Herminier ou de Pétronille Rascas. »

« — S'il en est ainsi, nous n'avons plus rien à faire ensemble, et je vous souhaite le bonsoir. »

« — Serviteur, dit Renaud; j'espère demain vous trouver plus calme. Souvenez-vous que désormais votre fortune et votre existence dépendent de la mère de Clotilde; ne la repoussez plus; car, si elle se fâchait, vous en auriez fini avec le monde. »

Ce fut ainsi que ces deux amis se séparèrent.

CHAPITRE VI.

UNE FAMILLE EN PRÉSENCE.

Bonis quod benefit haud perit.
PLAUTE, *le Rudens*, acte 4, sc. III.
On ne perd point le bien qu'on fait à
d'honnêtes gens,

La scène que je viens de décrire avait lieu aux approches de la nuit; je m'en suis occupé, afin de ne pas trop enchevêtrer les fils de l'intrigue; et maintenant je dois reculer jusqu'à l'heure de midi. Que le lecteur se transporte avec moi dans l'appartement de la rue l'Evêque, où habite Louise de Terneuil, qui dans ce moment est seule, et travaille auprès de la fenêtre de sa chambre. Elle est vêtue avec une simplicité qui n'est point sans élégance; elle sait que son frère va venir, que peut-être ses deux amis viendront avec lui, et, malgré son peu de coquetterie, elle ne veut perdre aucun de ses avantages. Un ruban couleur de feu entoure sa belle chevelure : c'est le seul ornement qu'elle se permette. Elle regarde la pendule placée sur la cheminée : comme la marche des aiguilles lui paraît lente! l'une et l'autre pourtant vont se rejoindre sur le chiffre douze.

On sonne, Louise a tressailli. La femme de ménage, postée en vedette dans la première pièce, ouvre. Deux personnes savancent, l'une est Pétronille Rascas, l'autre Adélaïde Sendier; celle-ci se présente embarrassée et timide. Louise admire sa beauté, sa jeunesse et ses grâces.

« — Pardonnez-moi, mademoiselle, dit Pétronille à la maîtresse du lieu, si je prends la liberté de ne pas venir seule au rendez-vous que j'ai donné ici au citoyen votre frère; j'ai pensé que vous vous ennuieriez toute seule, et je vous ai amené une compagne qui de son côté ne s'amuse guère dans la solitude, afin que, l'une par l'autre, vous vous aidiez à passer le temps. »

On avait caché à Louise ce qu'était Pétronille; aussi ne montra-t-elle aucune répugnance à bien accueillir une jeune fille présentée par elle. Ce fut avec des paroles bienveillantes que mademoiselle de Terneuil répliqua. Adélaïde, charmée d'une réception dont elle n'avait point d'idée, et de la possibilité d'une liaison intime avec une personne polie, affectueuse, et qui paraissait d'un rang relevé, la remercia vivement de son obligeance, en des termes sinon aussi bien choisis, du moins autant expressifs.

La femme Rascas ne put cacher la joie que lui inspirait cette réciprocité de tendresse.

« — Mes chères enfans, dit-elle, vous

ne pouvez jamais assez vous aimer ; Dieu bénira le sentiment qui vous unit. J'espère que la journée ne se passera pas sans que vous soyez encore plus heureuses. Je t'ai promis, poursuivit-elle en s'adressant plus particulièrement à Adélaïde, que tu connaîtrais enfin tes véritables parens ; le moment est arrivé de dégager ma parole. Sois tranquille, fille de mon lait, tu n'auras pas à rougir de tes parens. »

« — Est-ce qu'ils vous sont inconnus ? » demanda Louise à sa compagne.

« — Je voudrais qu'ils n'existassent plus pour moi, s'ils étaient ceux que l'on s'obstine à me donner ; mais une voix secrète, appuyée sur les souvenirs de mon enfance, m'a toujours portée à les repousser. Non ! s'écria Adélaïde avec une sorte de désespoir et en versant des larmes, je ne suis pas la fille de Clourfond, et il est impossible qu'Helbert soit mon frère ! »

Louise tressaillit à cette confidence faite par suite d'un élan involontaire de douleurs ; elle répliqua, avant que Pétronille pût parler :

« — Je ne vous plaindrais pas, Mademoiselle, si vous étiez la sœur de ce digne jeune homme; mais, mon Dieu ! que je vous regretterais, si la providence avait fait de Clourfond votre père ! »

« — Le connaissez-vous ? demanda Adélaïde avec empressement; auriez-vous aussi à vous en plaindre ? »

« — Persécuteur barbare de ma famille, tyran de ma jeunesse, ah ! que j'ai de motifs de le haïr ! »

« — Et son fils ? » dit en rougissant Adélaïde.

« — A toute mon estime et ma franche amitié. »

L'instinct d'amour qui remplissait le cœur d'Adélaïde Sendier fit qu'elle ne se trompa point sur la nature du sentiment que Louise portait à Helbert; il n'avait rien, celui-là, de la passion qui veillait dans son âme; aussi fut-elle rassurée, et elle pu[t] dire à son tour :

« — Quant à moi, il ne m'est poi[nt] permis peut-être de haïr un tel homme et si par malheur je lui dois le jour... »

« — La! la! doucement, petite fille! d[it] Pétronille en riant ; ne vous livrez pas à d[e] mauvaises pensées, et si on vous a laissé[e] dans une incertitude pénible, croyez a[u] moins que ce fut pour votre bien. »

La conversation était si animée dans l[a] chambre de Louise que trois survenan[ts] furent introduits sans qu'on se doutât de leur arrivée ; c'étaient le comte, Helbert et Edouard. Le premier coup d'œil d'Helbert se porta sur Adélaïde, qui, à son aspect, fut si émue qu'elle se vit contrainte de s'appuyer sur Pétronille.

« — Prends bon courage, ma fille, lui dit-elle tout bas; il ne va pas tarder à tomber à tes genoux, en attendant que tu le reçoives dans tes bras. »

Helbert, non moins frappé que sa jeune

amie, commandait à peine aux mouvemens de son cœur; une première fois il voulut sortir de la chambre; mais, trop faible pour céder à cet élan de vertu, il resta, pour goûter le plaisir douloureux et inattendu de contempler de près celle qu'il croyait ne jamais plus revoir. Le comte de Terneuil eut aussi sa part de la surprise que causa pareillement à Edouard la présence d'Adélaïde; il ne savait pas quelle était cette jeune personne introduite en un lieu où de graves intérêts seraient traités. Cependant quelque chose lui disait que celle-là n'était pas étrangère, et que sans doute elle jouerait son rôle dans la scène qui se préparait.

Pétronille les examinait tous attentivement, puis elle promenait ses regards des uns aux autres; ce manége muet dura quelque temps, enfin elle rompit le silence.

« — La compagnie est belle et bonne, dit-elle; c'est dommage qu'une personne manque : elle compléterait le cercle; mais la pauvre Philippe Herminier.... »

Un cri perçant échappé à Adélaïde interrompit Pétronille. Chacun se tourna vers la jeune fille, qui à son tour s'adressant à celle qui venait de parler :

« — Oh ! répétez-moi ce nom, je vous supplie, ce nom qui ne frappe pas mon oreille pour la première fois, quoique ma bouche eût désappris à le prononcer ; il me ramène aux jours de mon heureuse enfance, lorsque j'étais heureuse en un climat bien doux, et loin, très-loin d'ici. »

Elle parlait, et chacun l'écoutait avec une émotion croissante. Louise se demandait quel rapport avait eu cette étrangère avec une femme dont elle se rappelait parfaitement. Le comte de Terneuil, plus agité encore, devinant presque la vérité, certain que sa jeune sœur était devant lui, s'avança vers elle, et s'adressant à Pétronille :

« — Au nom du ciel ! lui dit-il, au nom de tout ce qui vous est le plus cher ! hâtez-vous de confirmer une espérance délicieuse que vous avez fait naître ; qui est cette belle personne ? nommez-moi, nommez-nous ses parens. »

« — Elle est la malheureuse fille de mon père, » dit Helbert en pleurant.

« — Elle ? qui elle ? » répliqua le comte; et, par un mouvement involontaire, il se recula d'Adélaïde. Celle-ci pâlit à cet acte désagréable. Louise, au contraire, se rapprocha, comme pour la consoler. Mais Pétronille Rascas étendant les bras, tandis que ses yeux lançaient des flammes :

« — Héritier de Clourfond, s'écria-t-elle, ne répète pas un odieux mensonge; non, celle-là n'est point de ton sang ; un plus illustre coule dans ses veines. Comte de Terneuil, mademoiselle Louise, écoutez une femme coupable sans doute, mais à qui Dieu pardonnera, à cause de son repentir; écoutez-la avec toute confiance, car le mensonge a fui de ses lèvres pour ne plus y revenir : Cette créature infortunée, que le crime a voulu plonger dans le vice pour s'en débarrasser, doit le jour à votre père, à votre mère; c'est Ernestine de Terneuil, votre sœur. »

Cette révélation anéantit Helbert, tandis que Terneuil et Louise s'élancèrent vers Adélaïde, à qui l'excès de la joie ne permit pas de répondre d'abord à leur embrassement ; les facultés de son âme restèrent un instant comme suspendues. Ceci fut court; les angoisses du bonheur sont légères; Adélaïde fut prompte à renaître à la vie pour mieux goûter cette double joie de posséder enfin une famille et de pouvoir sans remords aimer son amant. Le premier regard qui partit de ses yeux, lorsqu'ils se furent rouverts à la lumière, fut pour Helbert; elle le chercha vainement, il n'était plus là. Dès que le sort de sa sœur prétendue avait été assuré d'une manière si brillante, et tandis que son âme enivrée nageait dans une mer de délices, Edouard l'avait pris par le bras, afin de l'entraîner sur-le-champ hors d'un lieu où sa présence deviendrait inconvenante, au milieu des explications qui allaient suivre, et où, selon toute apparence, son père ne serait pas ménagé.

Helbert, aux premiers mots de son ami, comprit la justesse de cette observation. Que pouvait-il demander encore? n'était-il pas heureux mille fois plus qu'il ne l'espérait? il passait, en un instant, des tortures de l'enfer au contentement ineffable des anges. C'était plus que la vie que Pétronille lui rendait, puisqu'elle faisait taire ses remords, en le remettant en paix avec sa conscience. Il suivit donc Edouard, sans trop lui résister et en versant des larmes bien douces; car elles prenaient leur source dans un bonheur inattendu.

Adélaïde, en ne le voyant pas, éprouva tout ensemble de la peine et de la satisfaction ; elle aussi se sentait le besoin de s'exprimer sans ménagement sur le compte du fournisseur, et elle n'aurait pu le faire en présence du fils de celui-là. D'autre part, elle regrettait que sa joie ne pût être parfaite, son amant ne la partageant pas. Mais ces émotions familières aux cœurs qui aiment bien disparurent momentanément devant les caresses tendres que lui prodiguèrent son frère et sa sœur : tous les deux la prirent dans leurs bras, lui témoignèrent leur vive allégresse, la conjurèrent de les chérir avec autant de véhémence qu'ils étaient disposés à le faire à son égard. Elle, transportée, délirante même, allait de l'un à l'autre rendre les baisers reçus, prononçait des paroles entrecoupées ou sans suite, pleurait, riait à la fois, et n'oubliait point Pétronille, à qui elle croyait devoir toute sa félicité.

Pétronille, triomphante de son ouvrage, n'était pas celle qui jouissait le moins ; on apercevait sur sa figure expressive ses émotions intérieures. Elle regardait avec un orgueil maternel cette belle Adélaïde tout à l'heure délaissée, flétrie par une naissance illégitime qui lui donnait un monstre pour père, et maintenant environnée de nobles parens, et certaine d'inspirer désormais ce respect qui dédommage de tant de chagrins. Elle contemplait le tableau charmant de cette famille réunie pour la première fois depuis tant d'années. C'était son ouvrage, elle avait le droit de s'en applaudir. Mais tout n'était pas fait encore ; Adélaïde n'appartenait aux Terneuil que sur son assertion ; et le comte avait en ses mains l'acte de décès de cette sœur chérie. Pétronille, qui songeait à tout, s'adressant à sa fille de lait :

« — Mon enfant, souviens-toi que, pour te donner le nom de sœur, ceux qui sont ici n'ont pas attendu la preuve légale de ta naissance ; leurs cœurs se sont ouverts spontanément au cri de la nature, sans écouter la voix si perçante de l'intérêt. Tu dois leur en avoir une vraie reconnaissance. Oh ! que de familles, avant de te serrer dans leurs bras, auraient voulu s'assurer que tu lui appartenais véritablement ! où, loin de voir en toi une parente de plus, on n'aurait aperçu qu'une étrangère qui vient diminuer la part de chacun. Grâce à Dieu, ces sentimens indignes ne sont jamais entrés dan l'âme des Terneuil ; cette race a toujours été autant pure qu'illustre; elle nous le prouve aujourd'hui victorieusement. Mais il ne faut pas qu'elle pousse trop loin la magnanimité, qu'elle se montre désintéressée au-delà de ce qu'il faut être. Comte de Terneuil, mademoiselle Louise, écoutez-moi. »

Pétronille alors, poursuivant, leur raconta tout ce qu'elle savait de la trame odieuse de Clourfond, en y joignant les renseignemens fournis par Philippe Herminier. Elle apprit comment, pour réunir toute la fortune des Terneuil, qu'il espérait retirer du séquestre, et la faire passer sur la tête de Louise, devenue épouse d'Helbert, Clourfond avait décidé la perte d'Ernestine, devenue d'abord Adélaïde Sendier, et plus tard sa fille naturelle; le tout au moyen d'actes faux fabriqués par Renaud, maire républicain de la petite commune où l'on avait feint la mort de la jeune personne. Comment celle-ci, conduite à Paris, fut remise à de pauvres gens, qui ne lui donnèrent aucune éducation ; comment, après leur mort, survenue presque en même temps, le fournisseur établit sa pupille simple couturière; comment ensuite, pour se débarrasser d'elle avec une apparence de raison, il voulut la loger dans une maison déshonnête, afin qu'elle s'adonnât au vice. Comment enfin il avait tenté de la donner à Renaud, pour qu'il l'emmenât dans un coin écarté de la France, où elle n'aurait pas vécu long-temps; et comment aussi, ayant pris à l'avance ses mesures, dans le cas où l'on aurait voulu savoir de lui qui était cette orpheline dont il prenait soin, il était parvenu à faire croire à Helbert qu'elle et lui sortaient du même sang.

Ce long récit fut renforcé de l'épisode de l'assassinat de Philippe Herminier, de la tentative d'empoisonnement faite sur elle-même. Pétronille enfin dit tout ce qu'elle savait, hors le vol des douze cent mille francs dont elle ne parla pas; mais le même silence ne fut pas gardé sur la terre enlevée par violence au scélérat Renaud. Elle remit dans les mains de Terneuil le titre qui la lui transférait, en même temps qu'elle lui donna la déclaration signée de la veille par les deux coupables, où ils avouaient leurs crimes à l'égard d'Ernestine, et lui rendaient, en tant qu'il était possible, son état et son nom véritable.

Les auditeurs écoutèrent Pétronille avec un mélange d'indignation et de chagrin ; la conduite du père leur était odieuse, et ils se plaisaient à rendre justice aux qualités du fils. Adélaïde, à qui je ne donnerai plus que son prénom d'Ernestine, ne balança pas sur ce qu'elle devait faire dans cette circonstance; elle déclara franchement à son frère l'amour qu'elle portait à Helbert, amour fondé sur l'estime, sur ses procédés à son égard.

« — Son père, ajouta mademoiselle de Terneuil, peut être coupable; lui ne l'est point. Il a, au contraire, protesté énergiquement contre ces infamies; l'en puniriez-vous, mon frère? et cette pénible certitude empoisonnerait-elle la douceur de ce beau jour? »

« — Je voudrais, au prix de la moitié de

ma vie, répliqua le comte, qu'Helbert appartînt à d'autres parens; mais la juste haine que nous portons à un méchant homme ne s'étendra pas jusqu'à lui. Il faut, Pétronille, que tout ce que nous savons soit enseveli dans un profond silence; il faut taire les crimes de l'un, lorsque l'on veut récompenser les vertus de l'autre : ainsi l'on dérobera au public la connaissance de cette longue série de forfaits, afin qu'un vertueux ami n'en soit point souillé. »

Ernestine embrassa son frère avec une affection nouvelle; et Pétronille, qui toujours se promettait *in petto* d'épouvanter Clourfond pour le décider à tenir les engagemens pris avec elle, promit cependant de se taire. Elle n'avait pas avoué d'ailleurs la nature secrète de ses relations avec lui, ni dit encore qu'il était le père de Clotilde; c'était une révélation que la vieille Rascas réservait pour un moment plus opportun.

Il fut arrêté que la même recommandation serait faite à Philippe Herminier, que l'on obtiendrait d'elle son désistement de la vengeance qu'elle était en droit d'exercer contre Clourfond ; que l'on s'entendrait avec Helbert pour amener celui-là à de meilleurs sentimens ; enfin que rien ne serait épargné pour réparer les maux qu'Ernestine avait dû souffrir. Terneuil ensuite s'adressant à ses sœurs :

« — Mes chères amies, leur dit-il, je suis heureux maintenant de toutes les manières ; il ne me reste plus qu'à régler votre sort à venir. Toi, Louise, je présume que tu préfères devenir la femme du sous-lieutenant Edouard, proche parent du vicomte de Melrose, que d'être celle du patriote Guernon. Votre hymen ne se peut effectuer en France ; il sera nécessaire ou que vous attendiez des jours plus heureux, ou que nous cherchions les moyens de vous faire sortir des frontières, ce qui ne se fera pas sans danger. Quant à toi, Ernestine, ton bonheur ne sera pas ainsi retardé ; Helbert est libre ; je doute que son père s'oppose à ce qu'il t'épouse, lorsqu'il saura que nous sommes tous instruits de ce que tu es. D'ailleurs, nous lâcherons après lui sa sœur, qui, toujours envieuse d'une alliance avec la maison de Terneuil, ne le laissera pas respirer qu'il ne se soit rendu à nos vœux communs, surtout lorsqu'il achetera à ce beau prix le pardon de tous ses actes répréhensibles. Il m'est doux, en même temps, de vous annoncer, à l'une et à l'autre, que, en attendant que l'on nous rende en France des biens injustement retenus, vous possédez une fortune suffisante à vous faire riche, dans une somme de douze cent mille francs dont Clourfond est le dépositaire. Je sais que, s'il dépendait de lui, il ne la paierait pas; mais, avec le secours de Pétronille et le concours de son fils, nous la lui ferons rendre. Helbert en gardera la moitié en représentation de la dot de Louise ; nous avons sur le reste déjà un fort à-compte, dû au désintéressement de cette excellente créature que vous et moi devons récompenser. »

Pétronille arrêta par un geste l'assurance qu'allaient lui en donner les deux sœurs.

« — Grand merci, dit-elle, de votre généreuse reconnaissance; je puis et je dois en refuser les effets. Ne m'ôtez point le mérite d'une bonne action, afin que je puisse la présenter à Dieu en dédommagement de mes fautes nombreuses. Je touche au moment d'être riche : ainsi vous ne me devez rien ; aimez-moi un peu, et ne me méprisez pas trop. »

CHAPITRE VI.

LE FILS VERTUEUX ET LE PÈRE COUPABLE.

*Nec vera virtus, cùm semel excidit,
Curat reponi deterioribus.*
HORACE, ode 5, liv. IV.

La vertu, lorsqu'elle s'est dégradée, ne se relève jamais.

La conversation fut interrompue ici par le retour d'Helbert; il n'avait pu supporter plus long-temps son éloignement d'Ernestine, et surtout l'incertitude de l'accueil qu'elle lui ferait ainsi que le comte de Terneuil. Il contraignit Edouard à rentrer avec lui ; et, dès qu'il eut paru dans la chambre :

« — Monsieur, dit-il en s'adressant au frère de son amante, de quelle audace suis-je pourvu, puisqu'elle me donne la hardiesse de me montrer à vous? Je sais combien moi et les miens devons vous être détestables ; mais faut-il me confondre..? »

« — Capitaine Helbert, répliqua le comte en l'embrassant, vous êtes l'un des membres de ma famille; voilà tout ce que je sais, et personne ici ne se souvient d'autre chose. »

Cette franche réponse jeta Helbert dans une allégresse encore plus éminente que celle qu'il avait due à la révélation de la naissance d'Ernestine. Il épuisa les expressions de sa reconnaissance, et au milieu de ses transports, que d'autres partageaient avec lui, il oublia ce qu'il voulait dire. Edouard, plus calme, s'en chargea ; il présenta au comte deux actes signés antérieurement, et dont je crois avoir parlé : l'un déclarait qu'Helbert avait vu son père recevoir du marquis de Terneuil douze cent mille francs non encore remboursés ; et une seconde pièce était un billet au porteur, de la même somme, souscrit par Helbert au profit de Louise de Terneuil. Cette preuve de la délicatesse du digne militaire charma Terneuil et ses sœurs : ils le lui firent connaître, et s'y prirent de façon à le persuader qu'on voulait le traiter désormais non en étranger, mais en frère chéri.

Il fut convenu en ce moment qu'Ernestine ne quitterait plus Louise, que le même appartement les recevrait toutes les deux, jusqu'à nouvel ordre ; cela décidé, Terneuil emmena Helbert et Edouard dans la seconde chambre ; là il annonça aux deux amis son projet de leur donner ses sœurs en mariage, et en même temps la résolution arrêtée de couvrir le passé d'un voile épais, pourvu que Clourfond s'exceptant ne voulût point vivre avec la famille de Terneuil, si jamais elle pouvait revenir en France. Ce point fut traité avec tous les égards possibles ; mais il était nécessaire qu'Helbert fût instruit de toutes les manœuvres de son père : elles lui firent horreur, et, par un noble effet de l'élévation de son âme, il se déclara indigne d'être l'époux d'Ernestine, et dit au comte et à Edouard qu'il ne prétendrait plus au bonheur de la posséder.

Les deux beaux-frères futurs combattirent avec chaleur ce que cette résolution avait d'héroïque ; ils lui prouvèrent que les fautes étaient personnelles ; que de vrais gentilshommes restaient au dessus des préjugés, et avides de récompenser le mérite, n'importe où ils le rencontraient. Edouard ajouta qu'il lui avait sauvé la vie, et qu'à ce titre il n'avait rien à lui refuser. Ce fut alors qu'il apprit à Terneuil de quelle façon Helbert en avait agi à son égard, et ceci ne put qu'augmenter la bonne opinion que le comte avait de cet excellent jeune homme. Il repressa donc plus vivement Helbert de ne pas se sacrifier, qu'il parvint à le vaincre. Tous alors furent heureux, et rentrèrent auprès des deux sœurs. Pétronille venait de les quitter, allant, dit-elle, apporter cette bonne nouvelle à Philippe Herminier.

Helbert, sans en rien dire à ses amis, se promit d'avoir, le même jour, avec son père une explication qu'il croyait indispensable; il s'imaginait que ce cœur gangréné était susceptible de remords et d'un retour à la vertu; et, quand il quitta la famille de Terneuil pour rentrer à la maison paternelle, il avait l'espoir d'amener un plein raccommodement. Le fournisseur n'avait point paru chez lui de toute la journée; il ne vint que tard, et n'entra pas au salon; il passa tout de suite dans sa chambre; sa fatigue extrême, la frayeur que lui causait la résurrection de sa victime, l'accablaient de telle sorte que tout ce qu'il put faire fut de gagner son lit. Helbert, qu'il refusa de voir, remit au lendemain l'explication qu'il jugeait indispensable.

Nul peut-être ne dormit de cette nuit, de tous les acteurs de cette histoire; les uns en conséquence des inquiétudes qui accompagnent le crime, les autres à cause des émotions de leur contentement. Terneuil, en rentrant à la légation prussienne, trouva un billet de Clourfond, qui l'engageait à venir le voir de très-bonne heure le lendemain matin, et un autre, écrit par Barras, qui lui donnait rendez-vous à onze heures précises dans le jardin des Tuileries. Il se promit d'être exact à l'un et à l'autre appel, quelque peine que dût lui causer la présence de l'atroce Clourfond. Il quitta son lit peu après le lever du soleil, et, sachant que le fournisseur ne dormait guère non plus, il se mit en route pour aller vers lui, entre six et sept heures.

Le comte de Terneuil avait besoin de toute l'énergie qu'il tenait de la nature pour conserver son sang-froid en présence de l'homme qu'il allait voir. Clourfond lui était odieux au plus haut degré; il le connaissait avec tous ses vices; il savait que, si ce misérable soupçonnait qu'il fût, lui, le vrai Terneuil, il tenterait de s'en débarrasser de toutes manières. Le moment existait de redoubler de prudence à son égard, de ne rien faire qui le mît sur la voie d'une fatale découverte. Le comte, grâce au ciel, possédait autant de courage que de sagesse ; il savait dans quelles bornes il faut se renfermer pour n'exposer rien, et aussi put-il entrer chez le fournisseur, sans exprimer par aucun signe extérieur les sentimens de mépris et de haine que lui inspirait un homme sans foi.

Clourfond, en voyant celui qu'il allait perdre, céda à un premier mouvement de remords; il pâlit, lorsque Terneuil le salua, et ses traits achevèrent de se décomposer ; il était sous le poids d'une fièvre morale et physique : tant de passions dévorantes s'allumaient dans son cœur. Le survenant s'aperçut de cet état extraordinaire, et sa première question fut de demander au fournisseur s'il se portait bien.

« — J'ai passé une nuit mauvaise, fut-il répondu; les affaires et les chagrins ne peuvent que nous abattre, et je suis sous le poids de leur double influence. »

« — Vous m'avez écrit hier au soir, dit ensuite Terneuil, que ma présence ce matin vous était nécessaire : je suis accouru à vos ordres ; veuillez me les communiquer. »

« — Mes ordres, Monsieur !..... mon cher ami, ne sont que des prières ; vous n'êtes pas à mon commandement, et je ne puis oublier que j'ai été au vôtre. »

Ce piége était tendu avec assez d'art ; ce fut néanmoins en vain : le comte repartit en riant :

« — En vérité, citoyen Clourfond, vous êtes un grand comédien ; car vous voulez toujours me maintenir dans l'esprit de mon rôle : que je le joue donc de façon à vous contenter. Eh bien ! mon cher intendant, faut-il que je me dérange pour venir vous trouver ? cela est incroyable ; quand vous avez quelque chose à me dire, n'est-ce pas à vous à passer dans mon appartement ? Hein ! que vous semble ? ai-je bien pris le ton de votre ci-devant maître ? »

« — A s'y méprendre, répliqua le fournisseur gravement ; vous êtes lui en personne : ceci est incontestable. »

« — Jamais compliment n'a pu me flatter davantage. »

« — Et jamais il n'y en a eu de mieux mérité. Mais, pour changer de propos, je vous dirai que je suis peu tranquille ; il est impossible de laisser votre sœur prétendue où elle est ; elle y verra à toute heure le bâtard qui l'a séduite, et qui peut-être la trompera de manière à la déshonorer : je ne puis le souffrir. Elle a dû être la femme de mon fils, elle peut le devenir encore, et une prolongation outre mesure de séjour hors de mon logis expose sa réputation de manière à la détruire. »

« — Que faut-il donc faire ? car, d'une autre part, vous me paraissez n'avoir nulle envie de lutter avec cette vieille créature. »

« — Je voudrais que vous usassiez de votre droit de frère envers celle que je ne veux pas attaquer directement ; que, triomphant de sa résistance, vous pussiez lui enlever Louise. Une tentative faite uniquement en votre nom aura du succès, car cette femme aime et respecte les Terneuil.»

« — Le croyez-vous ? »

« — J'en suis certain. »

« — Et pourquoi, s'il vous plaît ? »

« — Oh! par suite des préjugés de sa position et de sa classe; Provençale comme eux, accoutumée à les voir briller d'un grand éclat, elle a conservé une vénération de leur noblesse dont vous pourrez tirer parti. Ne la ménagez point, si vous vous faites connaître ; traitez-la durement : c'est le moyen de l'assouplir. »

Certes Clourfond ne pouvait plus douter que Terneuil n'eût des rapports ave Pétronille, mais il devait ici feindre de l'ignorer, et il se conduisait en conséquence Le comte, de son côté, feignit de donne dans le piége ; il promit de travailler dan le sens que le fournisseur souhaitait, et di que, ce jour-là même, il irait certainemen chez sa sœur.

« — Je vous demande, lui dit Clourfond

de vous y rendre à onze heures précises; je sais que la femme en question y viendra à ce moment; plus tard vous ne l'y trouveriez plus, et plus tôt elle n'y serait pas encore; c'est alors qu'il faut y aller. »

Toutes les paroles du fournisseur inspiraient dorénavant de la méfiance au comte: aussi remarqua-t-il le soin avec lequel il lui fixait l'instant précis de sa visite à Louise. Ce fut assez pour qu'il se refusât à la satisfaire, lors même que Barras ne lui eût pas assigné la même heure; mais il n'en laissa rien paraître; il répliqua qu'il entrerait à onze heures dans l'appartement de la jeune personne, et que ce ne serait pas sa faute s'il n'emmenait pas avec lui celle-ci.

Ils en étaient là de leur conversation, lorsque Helbert se présenta chez son père. Un accueil poli, sans être affectueux en apparence, lui fut fait par le comte. Helbert y répliqua sur le même ton, et, comme il témoigna le désir de parler au fournisseur d'une affaire importante, Terneuil prit congé, et partit, non sans avoir promis de nouveau que onze heures seraient pour lui le signal d'une dernière tentative auprès de sa sœur. Ceci fut dit à l'écart, afin qu'Helbert n'entendît rien; son père était loin de le croire d'intelligence avec l'intendant prétendu.

Helbert demeura; il était grave et mélancolique. Il ne savait comment entamer le sujet important qui l'amenait; un reste de respect survivait à l'estime qu'il ne pouvait plus accorder à l'auteur de ses jours; il gémissait de la circonstance qui le contraignait à faire rougir celui qu'il aurait voulu aimer. Comme il ne songeait point à cacher ses vives émotions, Clourfond s'aperçut sans peine qu'il ne venait pas à lui sans un motif majeur; il s'en inquiéta; tout alors l'épouvantait, et avec raison : néanmoins il ne put se résoudre à questionner son fils, il attendit que ce dernier s'énonçât. Il s'y décida enfin.

« — Mon père, dit-il en se résolvant à prendre un détour, afin de venir insensiblement à la thèse principale, voici beaucoup de temps écoulé depuis que vous me fîtes la promesse de fixer le sort d'Adélaïde Sendier. »

« — Je m'en rappelle, Helbert, répliqua Clourfond, charmé que ce fût ce qu'il avait à lui dire ; mais je vois aussi que l'époque n'est pas expirée, et que je reste encore dans mon droit. »

Ce détour irrita le jeune homme; il reprit :

« — Que comptez-vous faire pour Adélaïde ? »

« — Tout ce que je pourrai, »

« — Tout, mon père ! vous prenez là un grand engagement ; lui rendrez-vous son existence légale ? la replacerez-vous dans le rang dont vous l'avez arrachée avec violence ? »

A ce propos, qui annonçait qu'Helbert était instruit de l'histoire d'Adélaïde, Clourfond ne put s'empêcher de rougir ; mais bientôt retrouvant son assurance :

« — Pourquoi, dit-il, ne pas d'abord

vous expliquer franchement? mes ennemis, je le vois, vous ont circonvenu. »

« — Est-ce être votre ennemi que chercher à replacer mademoiselle de Terneuil dans sa position légitime ? »

« — Tu as vu Pétronille Rascas? » dit le fournisseur avec véhémence et colère.

« — Et elle m'a tout avoué. »

« — Tout, Helbert! »

« — Tout mon père. »

En donnant cette affirmation, le jeune homme ignorait les rapports particuliers de ces deux individus, et les exigences récentes de Pétronille, tandis que le fournisseur demeura persuadé qu'il savait, jusque dans ses moindres détails ce qu'il aurait souhaité pouvoir se cacher à lui-même; il demeura confondu et humilié, et il n'osa point lever les yeux sur son fils : cependant il n'eut garde d'abandonner sa défense.

« — En ce cas, dit-il, puisque vous savez tout, on aura déroulé devant vous un long tissu de calomnies et de mensonges. »

« — Dieu le veuille! s'écria Helbert en

joignant les mains ; je quitterais la vie sans chagrin, si vous me prouviez votre innocence ; mais, hélas ! la chose est impossible, et vous ne l'entreprendriez pas. »

« — Ainsi vous me condamneriez sans m'entendre ? »

« — Oh ! parlez, parlez, mon père ; justifiez-vous ; ce sera me rendre le bonheur. Prouvez-moi qu'Adélaïde n'est pas mademoiselle de Terneuil ; que vous ne retenez point un dépôt énorme dont Louise n'a jamais eu connaissance ; que vous n'avez pas introduit ici un homme porteur d'un faux nom et d'un faux titre ; et qu'enfin vous et Renaud...... »

La douleur arrêta la parole dans la bouche d'Helbert ; il lui fut impossible de déclarer à son père qu'il le savait auteur d'un assassinat. Sa réticence n'en fut pas moins comprise. Clourfond maudit énergiquement la vieille fatale, à laquelle il attribua tout, et, vaincu néanmoins par la force de la vérité, il garda d'abord le silence ; mais voyant augmenter le désespoir d'Helbert, il lui répondit :

« — Mes torts, mes fautes, mes crimes, comme il vous plaira de qualifier ma conduite, proviennent de mon seul désir de votre bonheur. C'est pour vous placer à la tête d'une belle fortune, pour vous donner une femme d'un sang illustre, que j'ai cheminé dans une route coupable. La punition a sonné bientôt, et puisque Pétronille vous a si bien instruit, elle a dû vous apprendre à quel prix je devais lui payer mon impunité et son silence. »

« — Non, mon père, elle ne m'en a rien dit. Je présume qu'elle exige la réintégration de mademoiselle de Terneuil dans ses droits et la restitution du dépôt que vous a remis son père. Cela est si juste et si naturel qu'on ne peut s'en fâcher, et je ne voudrais à aucun prix d'un bien auquel je connaîtrais une pareille origine. »

« — Si vous étiez raisonnable, Helbert, on s'arrangerait encore. Vous aimez Adélaïde Sendier ? »

« — Dites Ernestine de Terneuil, mon père. »

« — Ernestine de Terneuil soit. Vous l'épouseriez ; les douze cent mille francs formeraient sa dot ; on referait Louise, elle deviendrait la femme de Domitien Guernon, au moyen des domaines séquestrés, qui lui seraient rendus dans une plus forte proportion qu'à sa sœur. »

« — Encore des capitulations avec la conscience ! encore un travail coupable pour conserver ce qui n'est point à nous ! Non, mon père ; l'argent sera partagé entre les deux sœurs, et Louise ne deviendra pas la proie du polisson auquel vous prétendez la donner. »

« — Je sais que vous avez pour elle un meilleur parti, et que votre vertu, si farouche contre moi, s'adoucit en faveur des ennemis de la patrie. »

« — Ainsi Edouard vous est connu ? »

« — Oui, je sais que c'est un traître, un misérable émigré, que vous protégez par un appui criminel. Vous, soldat de la liberté, êtes devenu le fauteur de la tyrannie. »

« — J'aime à croire, mon père, répondit Helbert, que vous ne pensez point ce que vous me dites. La pitié due au malheur, l'amitié née sur un champ de bataille, le secours donné à un banni, ne seront jamais un crime aux yeux de ceux dont je recherche l'estime. Edouard m'est cher par delà toute expression, et, si vous tenez à moi, veillez à ce que son existence ne soit jamais compromise. C'est moi qui ai tout fait par lui, ma conduite est non moins coupable que la sienne, et si jamais on lui en demandait compte, ce qu'on ne fera point si vous ne vous en mêlez pas, je déclarerais la part que j'ai prise à sa délivrance, et je marcherais au supplice avec lui. »

« — Vous feriez cette folie, Helbert? »

« — Ainsi que je vous l'affirme, mon père ; soyez-en bien assuré. »

« — Vous sacrifieriez vos parens et Ernestine ? »

« — A mon ami, à mon devoir, et pour vous punir de ce dernier crime. »

« — Mon fils, vous m'êtes bien sévère. »

« — Pardonnez-moi, je voudrais ne faire que vous chérir tendrement. Mais voulez-vous que tout s'oublie, que nous perdions la trace du passé? promettez-moi de céder à toutes mes prières, et d'accepter les conditions que je suis chargé de vous proposer. »

« — Ah! on veut traiter avec moi, et l'on vous a choisi pour ministre plénipotentiaire : on ne pouvait remettre nos intérêts communs en de meilleures mains; je vous accepte donc pour arbitre. Cependant, comme, selon toute apparence, la discussion sera longue, permettez-moi de la remettre à demain; j'ai maintenant des affaires sans nombre; elles m'occuperont toute la journée; je ne rentrerai même pas pour dîner. Demain je vous entendrai plutôt qu'aujourd'hui, si cela vous est agréable. »

« — Mon père, pourquoi retarder ainsi?

Qui sait les événemens que cette journée nous prépare ? »

« — A demain, Helbert, » dit Clourfond en partant.

CHAPITRE VII.

UN CŒUR FERME.

Qui veut mourir ou vaincre est rarement vaincu.
CORNEILLE, *les Horaces*, acte 2, sc. 1.

LE comte de Terneuil remit à voir ses sœurs après son entrevue avec Barras, et même plus avant dans l'après-midi. Une voix secrète lui disait de se défier de toutes les propositions du fournisseur, et, sans pouvoir s'expliquer pourquoi, il devinait quelque méchanceté cachée dans une injonction qui paraissait naturelle. Il avait d'ailleurs une impatience extrême de se rencontrer avec le conventionnel; il voyait, à la marche des choses, qu'une catastrophe prochaine devenait inévitable. La terreur, parvenue au plus haut comble, pesait trop lourdement sur la France. Les bourreaux s'épuisaient dans leur rage ; ils allaient bientôt se trouver sans appui, à force de se décimer. Robespierre, impatient de parvenir au pouvoir souverain, cherchait à obliger la nation à se jeter dans ses bras pour y chercher un refuge contre lui-même et contre ses propres complices. La patience des victimes touchait à son terme : le moment allait venir où elles préféreraient renverser l'échafaud de leur supplice plutôt que d'y monter docilement.

Terneuil, en quittant le fournisseur, fut déjeuner au Palais-Égalité, dans le café de Foy; il y trouva plusieurs jacobins forcenés qui, dans leur furie, prétendaient que Fouquier-Tainville devenait tiède, et que le feu de file du tribunal révolutionnaire avait lieu trop lentement.

« — La convention, disaient-ils, est encore garnie de traîtres ; il y en a qui conspirent en ne conspirant pas ; tous ceux qui se tiennent en repos sont des ennemis de la République, et qui ne se maintient pas à la hauteur de la montagne est un scélérat enragé. »

« — Robespierre, disait un autre, est le seul en qui puisse se reposer l'espoir des patriotes. Voyez comme il se retire des comités ; il ne peut pactiser avec des lâches, des fourbes ou des aristocrates. Ne lui prêterons-nous pas un coup de main? ne viendrons-nous pas à son secours contre les misérables qui le calomnient ? »

« — Si on m'en croyait, ajoutait un troisième, demain la générale battrait, le tocsin sonnerait, et les faubourgs soulevés en masse marcheraient contre la Convention. »

« — Oui, citoyen, dit le quatrième, vive la république ! mort aux aristocrates, aux émigrés, aux prêtres, à tous ceux qui veulent la perte de la liberté et de l'égalité. Aux armes pour une bonne fois ; que tout disparaisse devant nous, et renouvelons les heureuses et saintes journées de septembre 1792 : sans elles il n'est point de salut. »

Terneuil comprit, à la manière dont les têtes s'échauffaient, que la prudence voulait qu'il sortît du café, où le danger devenait imminent pour lui ; il eut même un instant la crainte que l'on ne s'adressât directement à lui, et que par là on ne le mît dans un embarras extrême. La foule qui s'amassait autour du groupe provocateur facilita sa retraite ; il l'effectua sans malencontre, et tâcha de quitter le Palais-Egalité.

Il se croisa dans la petite rue du Rempart avec le représentant Tallien, qui le reconnut au premier coup d'œil.

« — Je suis heureux de vous rencontrer, dit ce dernier ; j'avais un vif désir de nous retrouver ensemble : j'ai fortement réfléchi à votre mission, aux espérances que vous ouvrez au repentir, et je crains pour la république, que si vos propositions viennent à être dévoilées, elles ne séduisent bon nombre des nôtres. »

« — Est-ce de la crainte que vous en avez, citoyen, repartit Terneuil en souriant; ne seriez-vous pas plutôt au nombre de ces hommes égarés qui ne demandent pas mieux que de rentrer dans la ligne du devoir. »

« — Nous sommes bien mal ici pour parler de choses sérieuses, dit le conventionnel. Il tira sa montre : Dix heures un quart, ajouta-t-il; êtes-vous libre ? »

« — Oui, jusqu'à onze heures. »

« — Eh bien ! allons nous promener sur le quai Saint-Nicolas. »

Ils s'y rendirent par la rue Saint-Nicaise en passant en face de la place du Carrousel alors bien plus rétrécie qu'elle l'est aujourd'hui. Lorsqu'ils furent arrivés, Tallien prenant la parole :

« — Nous marchons au milieu d'un nuage sombre. »

« — On chemine toujours en aveugle,

lorsque l'on repousse le flambleau de la royauté. »

« — Cette royauté est bien dangereuse, quand elle tombe dans de mauvaises mains. »

« — Qui vous défend de la rappeler avec des conditions qu'elle acceptera, avec une constitution qui règle ses droits, ses priviléges et ceux de la nation ? ne pourrait-on de part et d'autre relâcher une partie de prétentions ou de ce que l'on a usurpé ? »

« — C'est difficile; cependant à force de chercher un *mezzo termine*, on l'atteindrait peut-être. Mais croyez-vous que les Bourbons, de retour, ne se montreraient pas inflexibles dans leur vengeance ? »

« — Ils ne songeraient nullement à se venger; leur intérêt commanderait la clémence, et, comme je vous l'ai fait voir, ils enrichiraient ceux des conventionnels qui prendraient l'initiative de leur rappel. »

« — Vous êtes un honnête homme, Monsieur le comte de Terneuil; ce n'est pas une question que je vous adresse,

« c'est un hommage que je vous rends. Et vous êtes persuadé que le régent ne commanderait pas notre supplice. ? »

« — Ma conviction est sur ce point pleine et entière. Au reste, la sagesse, la modération de ce prince ne vous sont pas inconnues ; il a fait acte de patriotisme au commencement de la révolution. »

« — Oui, c'était un démocrate d'alors ; nous avons beaucoup couru depuis. »

« — Et vous ne pouvez exiger qu'il vous suive au point où vous êtes arrivé ; contentez-vous donc du pardon général qu'il offre, de la récompense qu'il réserve au repentir actif de quelques uns. »

« — Je voudrais, dit Tallien, vous revoir souvent ; peut-être finirions-nous par nous entendre. »

« — Je suis à vos ordres. »

« — Où logez-vous ? »

« — A la légation de Prusse. »

« — D'un moment à autre, la crise éclatera. Avez-vous vu Barras ce matin ? »

« — Non. »

« — Tâchez de le rejoindre, il vous apprendra ce qui se passe : l'heure d'agir est venue ; il faut tuer ou qu'on nous tue, le faible ou le lâche peuvent seuls prendre ce dernier parti. Mais vous êtes attendu, je crois, à onze heures; elles vont sonner, adieu. Aussi bien Vadier est à m'attendre au Palais-Egalité ; je vais le rejoindre. »

Ils se séparèrent. Terneuil se dirigea vers les Tuileries ; il trouva Barras adossé contre un des premiers arbres du bois, et il regardait le château. Il reconnut de loin le comte, et, sans quitter sa position, il lui fit signe de venir à lui.

« — Voilà, dit-il, un palais dont la destinée est de changer d'habitans: Louis XVI l'occupa jusqu'au jour où dans sa lassitude il préféra mourir plutôt que combattre ; maintenant des tigres à face humaine souillent de leur présence ces salles majestueuses : qui sait ceux dont elles recevront la compagnie ? Ce que je puis certifier, c'est que quatre jours encore ne s'écouleront pas que ceux qui les profanent à cette heure ne soient couchés dans la tombe, ou qu'ils ne soient parvenus à m'y précipiter. Mais rentrons dans le bois, je craindrais de ne pouvoir adoucir la vivacité de mon regard ; et si un de leurs espions m'examinait, il lui serait trop facile de reconnaître la haine qui m'anime. »

« — Ainsi, répondit Terneuil, vous êtes prêt à donner le signal? »

« — Tout est réglé, et on le doit à votre intervention bienheureuse. Vous ne sauriez imaginer à quel point les plus braves parmi nous ont peur des revenans, quelle frayeur leur inspire la légitimité des Capets. Il leur semble qu'entre la chute de la montagne et le retour de ces gens-là il n'y aurait que l'intervalle d'une matinée, et tous alors se figuraient les diables à leur trousse. Vous leur avez rafraîchi le sang : aucun ne veut aujourd'hui du pardon royal, et tous sont charmés de savoir à quelles conditions il est offert. Notre réunion augmente de nombre, il faut frapper, car on nous frappera si nous tardons davantage ; le secret ne peut être gardé plus longtemps. »

« — Et vous faites bien de prendre des mesures décivises, tout me prouve que vos adversaires sont également prêts d'agir ; ils remplissent les lieux publics de leurs émissaires, et voici ce que je viens d'entendre avant de venir à vous. »

Terneuil lui raconta ensuite la provocation faite au café de Foy. Barras l'écouta avec une attention extrême ; il demanda quel nom on avait prononcé, pour les dévouer à la colère de la jacobinerie.

« — Aucun, » répondit Terneuil.

« — Tant pis, j'aurais voulu que l'on citât ceux des plus tièdes parmi nous, afin que la frayeur leur donnât du courage. Vous savez, poursuivit-il avec un sourire malin, ce que vaut un poltron révolté. Au demeurant, je me charge de leur inculquer cette terreur salutaire, qui en fera des hommes. Je leur certifierai qu'on les désigne dans les quatre coins de Paris, au poignards des satellites de Robespierre. Quant à vous, Monsieur le comte, je me refuse à vous faire prendre un rôle actif dans la mêlée prochaine; vous vous devez à votre famille. D'ailleurs cette querelle n'est ni la vôtre ni celle du roi; ainsi, tenez-vous tranquille, et loin du fouillis. »

« — Il me serait cependant honorable et cher de combattre pour aider à sauver la France. »

« — Votre présence nuirait plus qu'elle serait utile; le moment n'est pas venu où un ministre du roi pourra se montrer ostensiblement à côté des membres de la convention nationale. La lutte s'engagera non entre la royauté et la république, mais entre la liberté et l'anarchie; vous voyez bien que votre place n'est pas là. Venez demain au soir chez moi, non pour conspirer, car les conspirations qui éclatent n'en sont pas, mais pour causer avec des femmes aimables; il y en aura de charmantes dans mon salon, vous me saurez gré de vous mettre en rapport avec elles. »

« — Vous aurez le loisir de vous amuser, lorsque de si grands intérêts devraient uniquement vous occuper ? »

« — Il faut endormir nos ennemis, afin qu'ils s'imaginent que nous nous étourdissons, tandis qu'ils travaillent à notre perte ; d'ailleurs il me sera charmant de sortir du bal pour aller tenter de faire tomber la tête de Robespierre. »

« — Sauvez la vôtre, Barras. »

« — Oui, par la victoire, mais jamais par une lâcheté. Adieu. Quittez-moi ; j'aperçois Legendre, Vadier et Tallien, ils viennent me rejoindre ; je ne veux pas qu'ils nous trouvent ensemble : allez-vous-en, en leur tournant le dos. »

Ils se saluèrent, et Terneuil s'en fut vers la terrasse de l'eau, sans regarder derrière lui. Barras venait de lui confier ce qui pouvait lui être le plus agréable dans la circonstance présente ; la pensée que le gouvernement échapperait aux mains infâmes qui le dirigeaient maintenant, et qu'une ère moins effrayante commencerait pour la patrie, faisait son bonheur. Il voyait la nécessité de cette lutte, et regrettait que pour l'entreprendre, on ne voulût pas de sa participation. Il tourna sa route non vers la demeure de ses sœurs, mais vers celle de Philippe Herminier, qu'il n'avait pu voir la veille. Il fut reçu là avec une satisfaction toujours nouvelle. Pétronille était déjà venue, ainsi que je l'ai dit, apprendre dans ce lieu que toute la famille de Terneuil était réunie. Elle en félicita le comte, et lui demanda la faveur de voir promptement Louise, et surtout Ernestine, qu'elle chérissait d'une façon particulière; il lui promit de les lui amener ce soir même, puis il raconta ce qui avait été convenu relativement à Clourfond; il la conjura, en faveur des vertus d'Helbert, de ne persister plus dans ses projets de vengeance; il y avait trop de piété véritable dans le cœur de cette bonne femme, pour qu'elle refusât de pardonner à son meurtrier.

« —Qu'il puisse obtenir de Dieu, dit-elle, la rémission de ses péchés, et qu'il la lui demande humblement ; voilà toute la peine que je lui impose. Hélas ! mon cher enfant, nous sommes trop chargés de nos propres fautes pour nous montrer inexorables envers les autres. Mais es-tu bien certain que le méchant homme s'amende ? n'est-il pas à craindre qu'il ne continue le cours de ses intrigues ? C'est toi qui deviendras le premier but de sa malice, et contre lequel il tournera tous ses efforts. »

Terneuil répondi qu'en effet il ne se confierait jamais entièrement à Clourfond ; que, s'il le faisait un jour, ce serait lorsque tout péril serait passé ; mais qu'en même temps il voyait l'impossibilité de punir le père de son beau-frère.

« — Est-ce une chose raisonnable, repartit Philippe Herminier, que de donner votre propre sœur au fils d'un ancien domestique de votre maison ? En vérité, M. le comte, je soupçonne que vous devenez jacobin. »

« —Savez-vous, ma chère nourrice, que vous me parlez cette fois avec beaucoup de cérémonie? Ne m'en veuillez pas de ma conduite ; Helbert est un homme d'honneur, excellent militaire, et qui certainement fera un chemin rapide. Il ne faut pas que l'argent seul fasse les mésalliances ; permettez-moi d'en accorder une à la vertu et aux qualités aimables. Mes pères, mes parens, ont pris ou donné des femmes à la finance ; je les imite, mais à l'égard de quelqu'un que j'estime. D'ailleurs Ernestine a pour lui une passion violente ; il a veillé sur elle ; il l'a respectée; quand elle était dans le malheur : ceci mérite sa récompense. Irai-je faire pleurer ma sœur, au moment où je la retrouve, et la séparer de celui qui jusqu'à présent a fait plus que moi pour son bonheur ? »

« — Je sais, mon cher fils, que tu as une âme grande et généreuse, que ceci est juste peut-être. Mais enfin, moi qui n'étais qu'une domestique de ta famille, je souffrirai impatiemment de voir l'enfant de mon égal élevé jusqu'à toi; au reste, je ne t'en parlerai plus, et je me ferai à cette pénible idée. »

Terneuil reconnut dans ce que sa nourrice avouait une infirmité du cœur humain ; il est pénible à ceux d'une caste de voir s'élever un d'entre eux ; ils veulent l'égalité entière, non par vertu, mais par jalousie. Il essaya de ramener la malade à des sentimens plus généreux, et ne la quitta que vers les deux heures, en prenant de nouveau l'engagement de revenir avec Ernestine et Louise ; il se rendit alors chez elles ; il les trouva seules. Elles lui racontèrent que le matin, vers dix heures et demie, Helbert était venu les voir en la compagnie de son ami ; qu'à onze heures un quart on avait sonné à la porte ; qu'il avait été voir ce qu'on voulait ; que peu après il s'était mis à crier : Mes sœurs, il faut que je sorte un instant, on me demande ; et depuis lors il n'était pas revenu. Édouard, une heure après, étonné de son absence, s'était mis en route pour savoir où il pouvait être allé.

Peu apèrs, Pétronille Rascas entra précipitamment; elle parut joyeuse à la vue de Terneuil, elle tenait à la main une lettre.

« — Dieu soit loué, dit-elle; je venais, M. le comte, prier vos sœurs de vous engager à passer chez moi, dès que vous arriveriez. Voici une lettre sans signature que je reçois à l'instant même par un commissionnaire qui m'a dit la tenir d'une femme; lisez-la, elle vous intéresse.

Terneuil prit la lettre.

« On sait que la citoyenne Pétronille
» Rascas s'intéresse au comte de Terneuil,
» actuellement à Paris, où il court le plus
» grand danger. Si elle veut savoir sur ce fait
» des détails qui la mettront en mesure de
» servir ce seigneur, qu'elle se rende ce soir
» à onze heures précises, à l'angle où s'unissent
» les rues Thérèse et Ventadour; elle
» y trouvera une personne qui lui donnera
» des renseignemens utiles. »

Les deux jeunes personnes écoutèrent avec frayeur cette lecture, et Terneuil se mit à réfléchir sur le péril qu'on lui signalait.

« — Ne perdons point de temps, dit Pétronille; cette maison n'est pas sûre pour vous: il vous faut venir en toute hâte dans la mienne occuper l'appartement que quitta hier ma chère Ernestine; là je pourrai vous secourir. Ou Saint-Just n'épousera pas ma fille, ou il répondra de votre sûreté. »

Le comte savait que la promptitude d'exécution est la première vertu dans les temps de péril politique, il n'hésita pas à quitter ses sœurs, après les avoir tendrement embrassées. Elles ne se séparèrent de lui qu'en pleurant, et en se demandant si le bonheur dont elles avaient joui à peine s'envolerait aussitôt. Pétronille conduisit Terneuil dans sa maison de la rue d'Argenteuil; elle l'installa tout d'abord dans le logement sur le derrière, où il se livra à de pénibles réflexions.

« — D'où provient, demanda-t-il, cette tempête dont on me menace? suis-je poursuivi aux instigations de Clourfond? ou est-ce l'associé de Barras que l'on veut atteindre? Comment sortir de ce doute? qui m'expliquera cette énigme terrible? »

Il eut la pensée d'écrire à la légation ; ce qu'il fit, espérant que Pétronille pourrait facilement faire remettre son billet, dans lequel il s'informait si on était venu s'enquêter de lui ou tenter de l'enlever de vive force. Peu après, la vieille femme revint pour lui apporter de quoi dîner; elle mit le couvert, et le servit avec autant de respect que s'il eût été encore dans le château de ses ancêtres ; puis, en exauçant plus que sa requête, elle voulut aller porter elle-même sa mission à la légation.

Il était cinq heures lorsqu'elle revint. L'écrit qu'elle remit au comte rassura celui-ci en partie ; aucune note à son sujet n'était venue des comités, aucune personne suspecte ne l'avait demandé; cependant, et en vertu de la prudence diplomatique, on lui conseillait, puisqu'un avis anonyme lui était parvenu, de demeurer provisoirement où il se trouvait, et que peut-être, en se cachant pendant plusieurs jours, il ferait perdre sa trace, et qu'alors il serait plus facile de lui procurer les moyens de sortir de la France.

CHAPITRE VIII.

LE MEURTRE.

> *Quod metuit, auget, qui scelus scelere obruit.*
> Sénèque, *Agamemnon*, acte 3, sc. 11.
> Celui qui prétend cacher un crime par un autre crime, augmente le mal qu'il redoute.

HELBERT avait une telle impatience de revoir Ernestine que, le matin de ce même jour, il entraîna son ami vers l'appartement de la rue l'Evêque, à une heure peu convenable pour faire des visites de matin à des jeunes personnes, et sans se mettre en peine si le comte de Terneuil s'en formaliserait. Ses intentions étaient pures, cela lui suffisait pour excuser sa démarche ; il venait de passer d'une douleur profonde, mêlée de remords pénibles, à un bonheur inattendu, et dont la grandeur l'accablait. A la place d'une sœur adultérine, qu'il ne pouvait aimer sans crime, et que cependant il chérissait de toutes les forces de son âme, il trouvait une fille d'un sang noble, et à laquelle il lui était permis d'aspirer. Au milieu de la félicité de son amour, il voyait avec satisfaction l'alliance qu'il contractait avec la maison de Terneuil ; il allait aussi devenir le frère de cet Edouard, si cher à son cœur. Tant de prospérités avaient de la peine à contenir ses sens en repos ; elles le débordaient, et force était à lui de venir promptement auprès de son amante se confirmer dans la certitude que tout cela ne formait pas un vain rêve prêt à disparaître aux premiers rayons du jour.

Edouard, toujours prêt à se rendre où son amour l'attirait, fit peu ou point d'objections à la fantaisie d'Helbert; ils arrivèrent donc chez mesdemoiselles de Terneuil avant onze heures. A onze heures et quart environ, le bruit que l'on fit à la porte de la première chambre engagea Helbert à aller ouvrir; il se trouva en présence de trois hommes de mauvaise mine : l'un d'entre eux lui demanda s'il n'était point le citoyen Joseph Saurin. A cette question Helbert ne douta pas que ces bandits et sicaires de Fouquier-Tainville n'eussent la mission de procéder à la prise du comte de Terneuil; il se dit rapidement que son beau-frère futur était perdu, s'il tombait au pouvoir de l'accusateur public; que le danger que lui-même courait en se faisant arrêter à sa place serait moindre, puisqu'il pouvait compter sur la protection de Robespierre. En conséquence, d'ailleurs, il pensa qu'il devait, au nom de son père, une réparation à cette famille malheureuse. Ceci, non moins que la première idée, le décida à un sacrifice généreux : il dit donc à ces misérables que c'était lui qui était ce

Joseph Saurin dont on lui parlait; il leur demanda ensuite ce qu'ils lui voulaient.

« — Nous t'arrêtons au nom de la loi, dirent-ils, et te commandons de nous suivre sans résistance. »

Helbert, dans la crainte de prolonger un colloque qui aurait attiré la curiosité d'Edouard, dont la personne se serait trouvée dans un danger imminent, et craignant, d'une autre part, l'intervention des deux sœurs et le désespoir d'Ernestine, se contenta d'élever la voix, et de prononcer les mots que j'ai rapportés dans l'autre chapitre. Cela fait, il se mit au milieu des trois sans-culottes, et s'éloigna avec eux. Ceux-ci avaient reçu de Fouquier-Tainville l'ordre précis de faire le moins de bruit possible dans leur expédition, d'éviter ce qui ameute la populace, et surtout de ne faire aucune recherche dans l'appartement, de traiter avec égard les femmes qu'ils y trouveraient, de borner enfin leurs actes à la saisie de l'individu qu'il leur désignait : il avait d'ailleurs choisi ceux-ci parmi les satellites les plus raisonnables, parmi ceux dont le fanatisme n'était pas complètement du délire. Tout réussit selon ses désirs : l'éveil ne fut donné à qui que ce soit, et Helbert fut emmené sans que son ami intime et les deux sœurs en eussent la moindre connaissance.

A quel haut point leur douleur serait montée, si elles eussent été les témoins de cette arrestation! auraient-elles su se taire, Ernestine surtout? N'eût-il pas été à craindre qu'elles révélassent la vérité? Et Edouard aurait-il souffert que son ami lui fût ainsi enlevé? Il aurait commis certainement plus d'une imprudence, et serait tombé lui-même au pouvoir des juges iniques, ardens à conduire au supplice tous les émigrés rentrés. La providence ne permit point que ce malheur eût lieu ; la fermeté sublime du militaire triompha dans cette circonstance fatale, merveilleusement servie par les instructions de Fouquier-Tainville.

En passant sur la place du Palais-Egalité, Helbert demanda de prendre un fiacre.

Cette faveur lui fut accordée ; il questionna ses gardiens pour apprendre où on le menait : ils lui répondirent qu'ils allaient à la Conciergerie. C'était lui annoncer qu'on avait l'intention d'agir avec célérité envers celui dont il prenait le nom. On arriva par la cour du palais de Justice. Helbert se flattait de pouvoir écrire à Robespierre ; mais, lorsqu'il réclama des plumes et de l'encre, le geôlier lui dit qu'il était soumis au secret le plus rigoureux, que l'ordre formel existait de lui interdire toute communication extérieure. Je ne pourrais pas, ajouta-t-il, vous permettre d'écrire, même aux membres du comité de salut public et de sûreté générale.

Cette réponse lui ôta tout espoir de terminer promptement son affaire ; il se flatta du moins que, si on l'interrogeait, il pourrait prouver sa non-identité avec le comte de Terneuil. Plus affermi encore dans le désir de sauver celui-là, il se retint de se faire connaître au concierge sous son nom véritable, et il fut prendre possession de la chambre qu'on lui donna. Il put alors se livrer à une série de réflexions pénibles, se retracer le bonheur dont il avait si peu joui. Parfois une pensée affligeante lui représentait ses juges irrités, lui reprochant d'avoir sauvé un coupable, et par châtiment ordonnant sa mort. Il écartait ce tableau funeste, en se réfugiant dans la protection que Robespierre lui accorderait.

Cependant Edouard, agité d'une inquiétude vague, et trouvant bizarre la manière dont Helbert était parti, en criant : Adieu, mes sœurs! revint en hâte chez le fournisseur. Son ami n'était pas rentré, il fut le chercher au café de Foy, qu'il fréquentait; il osa même aller le demander chez Robespierre. Ne l'ayant rencontré nulle part, il retourna rue de Cléry, se flattant de l'y voir arriver pour l'heure du dîner : il fut encore trompé dans cette attente, Helbert ne parut pas au dîner de famille.

Clourfond, étonné de l'absence de son fils, demanda à Edouard s'il savait où Helbert pouvait être. Edouard, surmontant sa crainte, et ne voulant pas entrer dans une explication inutile, répondit négativement. Dès que le repas fut fini, il prit le chemin de la demeure de Louise; il vit celle-ci et Ernestine singulièrement alarmées de la lettre mystérieuse adressée à Pétronille; il sut que le comte de Terneuil s'était retiré chez cette femme, où il se cacherait pendant quelque temps. Il se garda bien d'ajouter à leur peine en leur communiquant celle que lui causait la prompte disparition d'Helbert; il leur demanda la permission de les quitter pour aller offrir ses services au comte, et il s'empressa d'arriver au logis de Pétronille.

Elle le reçut sur l'escalier, et devina d'abord ce qu'il désirait. La chambre du comte lui fut ouverte, Terneuil l'accueillit avec d'autant plus d'amitié qu'il lui apportait des nouvelles de ses sœurs. Ce premier point épuisé, le vicomte de Melrose passa au fait d'Helbert. Il raconta ce qu'il avait entendu, et ce que l'interlocuteur savait déjà; il s'appesantit sur les plus légères particularités, et essaya, de concert avec Terneuil, d'en tirer des conjectures. La plus raisonnable à laquelle ils s'arrêtèrent fut qu'Helbert avait, au moment où il ouvrait la porte, trouvé vis-à-vis de lui quelqu'un qui, au nom de l'auteur du billet adressé à Pétronille, venait le prévenir du péril du comte ; que, pour le détourner, Helbert s'était empressé de partir avec le messager, et que sans doute il était encore à la recherche de Robespierre.

Ceci tranquillisa Edouard; il avait envie de retourner encore chez le fournisseur, pour s'assurer si son ami n'était pas enfin venu se reposer de ses courses multipliées depuis la matinée; mais le comte le décida à suivre un autre chemin.

« — Je suis inquiet, lui dit-il, du rendez-vous donné ce soir à mon hôtesse ; je voudrais connaître ce protecteur caché qui veille sur moi, et en même temps garantir cette bonne femme des insultes nocturnes dont je l'ai déjà sauvée une fois. Mon intention est de l'accompagner, lorsqu'elle ira au lieu indiqué, et de me tenir assez près d'elle pour lui servir de défenseur en cas de besoin. Venez avec moi, vicomte; c'est une bonne action à faire, et, pendant ce temps, Helbert sera rentré. »

Edouard, malgré son vif désir de voir clair dans ce départ de son ami, accepta la proposition du comte. Il n'était pas fâché de lui donner la preuve de sa complaisance et de son envie de lui être agréable; ils achevèrent de passer le reste de la soirée en causant des objets de leur affection, de leurs projets pour l'avenir, et à se flatter que l'horizon politique se dégagerait enfin des nuages épais qui le couvraient.

Pétronille, lorsqu'elle vit approcher l'heure fixée, embrassa Clotilde avec un redoublement de tendresse. La jeune Provençale, peu accoutumée à ces caresses inattendues, ne put s'empêcher de dire :

« — Oh! ma mère, comme vous êtes sensible ce soir : on dirait que vous partez pour un long voyage, et cependant vous n'allez que dans la rue Ventadour. »

« — Qui sait où la Providence me conduira? répliqua Pétronille; lorsque l'on sort, et surtout maintenant, qui certifie que l'on rentrera dans sa maison? »

« — Je ne vous ai jamais vue aussi triste. »

« — C'est parce que nous touchons au bonheur. Celui qui se prépare pour toi, pour les autres que j'aime aussi, me semble si grand que je me figure des catastrophes naissant tout exprès pour m'empêcher d'en jouir. »

« — Oui, vous avez raison, votre fille sera bien heureuse; que peut-elle souhaiter de plus, lorsqu'elle devient la sœur d'Helbert et la femme de Saint-Just? »

« — Et riche héritière, » ajouta Pétronille.

« — Ah! l'argent, l'argent, ce sera votre part de joie; je ne l'estime que pour le dépenser. »

Un nouveau baiser de la vieille Rascas termina la causerie. Elle passa chez le comte de Terneuil, qui devait l'accompagner.

Edouard ouvrit un avis qu'on préféra, celui de devancer de plusieurs minutes Pétronille au rendez-vous, de se cacher tous les deux dans l'embrasure d'une des portes de la rue Thérèse, et là d'attendre l'inconnu.

En conséquence de cette disposition nouvelle, les deux beaux-frères partirent d'abord, non point ensemble : chacun prit un côté de la rue des Moulins. La nuit était singulièrement noire, une obscurité profonde enveloppait Paris ; les réverbères, la plupart brisés à coups de pierres par le peuple souverain dans ses accès de gaîté ou d'indépendance, ne projetaient qu'une lueur faible et incertaine; celui de la croisée des rues Thérèse et des Moulins ne brûlait même pas. Le champ était libre ; les Parisiens, renfermés de bonne heure, ne remplissaient plus de leur foule les lieux qu'ils fréquentaient autrefois.

Terneuil et Melrose parvinrent, sans avoir rencontré un seul individu, à se tapir sous une porte, ainsi qu'ils l'avaient décidé. Leur costume était celui qui procurait alors le plus de sécurité : Edouard portait l'habit militaire, et Salvien la veste de rigueur. Un bâton pour celui-ci, un sabre pour celui-là devenaient leurs moyens de défense, en cas de rencontre malencontreuse. Ils étaient à leur poste, et déjà leurs yeux s'accoutumaient à l'épaisseur des ténèbres, lorsque, à l'équerre de la rue Ventadour avec celle Thérèse, ils aperçurent une forme humaine qui se mouvait : c'était un homme. Il avançait de deux pas, regardait devant lui, et puis rentrait dans l'angle voisin. Ceux qui l'examinaient eurent un instant la crainte que, s'avançant jusqu'à eux, il les vît et se retirât ; mais la chose n'eut pas lieu ainsi.

Pétronille arriva enfin ; elle passa auprès du comte, qu'elle reconnut dans son embuscade, et elle fut, plus rassurée, droit à celui qui l'attendait. Cet individu portait un bonnet de liberté qui couvrait presque toute sa figure ; il avait enfoncé son menton et ses joues dans son col, tant il craignait de se laisser reconnaître ; il tournait le dos à moitié, lorsque la femme Rascas arrivait auprès de lui, peu rassurée à cause du mystère, du lieu et de l'heure, et ayant hâte d'en finir avec lui.

« — Me voici, dit-elle ; si c'est vous qui me demandez, que voulez-vous ? »

« — Ta mort, misérable coquine ! » lui répondit l'inconnu en lui enfonçant dans la poitrine, et à deux reprises, le poignard magnifique dont sa main était armée. Pétronille, poussant un cri aigu, tomba sur le pavé. Son assassin, satisfait du succès de ce crime, se mit à fuir rapidement par la rue Thérèse, bien certain que nul n'avait été témoin de sa mauvaise action ; mais qu'éprouva-t-il, lorsque des mains vigoureuses le saisirent à la fois, et qu'il se vit arrêter ?

Les deux beaux-frères étaient trop loin, et ne voyaient pas assez ce qui se passait à quelque distance pour avoir pu mettre obstacle au meurtre de Pétronille ; mais, au cri qu'elle fit entendre, à sa chute, et à la fuite du coupable, ils devinèrent ce qui était, et ils se hâtèrent de s'élancer contre celui-ci. La surprise et l'effroi du misérable lui interdirent toute résistance; il tomba aux genoux du comte et de Melrose, et implora leur pitié avec un son de voix qui les fit frémir. Terneuil, d'un coup de main, lui enleva le bonnet et le col qui cachait ses traits, et, avec Melrose, il reconnut avec horreur le scélérat Clourfond.

Cette vue les pétrifia l'un et l'autre. Ils se reculèrent involontairement. Clourfond, qui reprenait ses esprits, se sentant libre, se releva en heurtant le comte, qu'alors il reconnut aussi, et s'éloigna de toute la vitesse d'une course stimulée par le crime qu'il avait commis. Ni Terneuil ni Edouard ne se sentirent le courage de le suivre. Ils tournèrent leurs pas vers la malheureuse Pétronille; et, leur humanité l'emportant sur la crainte du péril personnel qu'ils pouvaient s'attirer, ils la prirent dans leurs bras, et la transportèrent chez elle, quoique baignée dans son sang.

Le trajet fut long, et ce n'était plus,

selon toute apparence, qu'un cadavre insensible auquel ils rendaient ce dernier devoir; mais ils s'en acquitèrent avec cette vertu supérieure qui se manifeste dans les âmes bien nées, chaque fois que la fortune les met en contact avec le danger.

CHAPITRE IX.

LA PUNITION DU CRIME.

> Némésis aveugle le coupable et le force
> souvent à se punir de ses propres mains.
> *Traduction grecque.*

Je ne saurais décrire le désespoir que manifesta Clotilde à la vue de sa mère, proche de son dernier soupir; il y avait dans cette âme égarée et point corrompue une sensibilité parfaite, une tendresse sans bornes, et même un respect sincère, déguisé sous des formes grossières, pour celle dont elle avait reçu le jour. Tous ces sentimens éclatèrent à ce moment funeste ; la prostituée disparut pour faire place à l'héroïne de la piété filiale. Elle se multiplia, pleurait, et ne perdait pas la tête ; elle assistait activement à tous les secours qui furent prodigués à Pétronille. Les voisines accoururent; le médecin, le chirurgien du quartier se présentèrent bientôt. Clotilde assista courageusement à leur consultation ; elle se déclara riche, et en état de les récompenser, s'ils parvenaient à sauver sa mère ; elle leur demanda cette grâce avec persistance, comme s'il dépendait d'eux de la lui accorder.

Les deux coups de poignard avaient traversé la poitrine aux environs du cœur. Les parties nobles pouvaient être offensées on ne le saurait qu'à la levée du premier appareil. Tandis que l'on déchirait les vêtemens de la blessée, pour avoir plus tôt fait, le poignard qui l'avait frappée tomba sur le plancher. Il s'était entortillé dans les plis de la robe. Terneuil, qui non plus ne s'éloigna pas de Pétronille, le ramassa, et le reconnut sur-le-champ à sa forme, avant même d'avoir vu l'écusson de la maison, qui était gravé sur le manche. C'était un présent somptueux d'un pacha, auquel un Terneuil, officier de marine, rendit un grand service; on le conservait comme objet de curiosité, et le comte se ressouvint de l'avoir vu, avant son départ pour l'Italie, entre les mains de son père. Clourfond s'en était sans doute emparé au moment de l'émigration, et venait de l'employer à commettre son dernier crime.

Le comte aurait bien voulu soustraire ce témoin irrécusable aux yeux de Clotilde, mais déjà elle l'avait vu ; et, avec l'impétuosité d'un lionne, s'élançant vers cette arme, s'en empara; puis, l'examinant avec une curiosité horrible, elle aperçut des armoiries qu'elle connaissait bien.

« — Qu'est-ce ceci ? dit-elle avec non moins de surprise que d'une joie cruelle ; est-ce que le doigt de Dieu a imprimé là-dessus la marque à laquelle l'assassin sera reconnu ? Citoyen, poursuivit-elle en s'adressant à Terneuil, tu dois savoir à qui est cette arme ? Certainement elle a changé de maître; car il me serait trop affreux.... Ah ! s'écria cette fille malheureuse, et, comme frappée d'une lumière funeste ; je devine, je comprends ; viens, viens ; il faut absolument que je te parle. »

Clotilde saisit le bras de Terneuil, et passa avec ce seigneur dans la chambre du côté.

« — N'est-ce pas, dit-elle, que Clourfond a frappé cette pauvre femme ? ne le nie point; car, si ce n'est lui, ce ne peut être que toi; ton écusson est sur ce poignard. Clourfond l'a volé à ton père ; avoue-le, je t'en conjure: auras-tu plus de pitié pour le meurtrier que pour la victime ? »

Le comte de Terneuil était convenu avec Melrose, tandis qu'ils rapportaient Péronille mourante, de taire à Clotilde le nom de l'assassin. Ils étaient guidés par l'amitié qu'Helbert leur inspirait, et par les conséquences de cette révélation, mais leur projet restait déjoué par un coup du sort ; le poignard retrouvé devenait un témoin qu'on ne pouvait écarter. Terneuil fit promptement ces réflexions, et il apprit d'une autre part qu'il n'était plus possible de résister à la prière d'une fille ; en conséquence, il confirma le soupçon qu'elle manifestait.

Clotilde, certaine de connaître le monstre qui la plongeait dans une telle douleur, se mit à sourire avec une expression effrayante ; un égarement subit éclata dans ses yeux, elle frappa des mains, et s'adressant au comte attendri de sa folie :

« — Oh ! la bonne histoire à répéter, dit-elle, un frère qui tue sa sœur adultérine après avoir commis un inceste, un père qui sera conduit à l'échafaud par sa fille ; car c'est là ni plus ni moins le sort que je réserve à Ambroise-Barthélemy-Joseph Clourfond. »

« — Que dites-vous, pauvre Clotilde ?

répliqua Terneuil en la pressant sur son cœur, votre raison est perdue; certainement tout ce que vous avancez est faux. »

« — Cela doit le paraître à vous qui êtes vertueux; vous préférez me croire insensée que de vous figurer que je dis la vérité : elle sort pourtant de ma bouche, lorsque j'affirme que Clourfond est mon père, que Pétronille Rascas est ma mère, et que tout Marseille est persuadé qu'ils étaient frère et sœur; voilà le bouquet que je vous gardais; maintenant, fournissez-moi le vôtre, en me détaillant tout ce qui s'est passé tantôt. »

Le comte le lui avait déjà dit; il ne put que répéter la même chose, sauf qu'il ajouta que la terreur que lui causa l'aspect de Clourfond s'était opposé à ce qu'il le retînt.

« — Alors, repartit Pétronille, Dieu ne voulait pas que vous fussiez celui qui fera punir le coupable; il veut que je prenne ce soin. »

« — Clotilde, c'est votre père. »

« — C'est mon ennemi, c'est mon bourreau; j'ai une mère, ou, pour mieux dire, j'en avais une; je n'ai jamais eu de père, et certes je n'irai pas m'en donner un dans celui qui a frappé les entrailles qui m'ont nourries. Non, non, ma vengeance ne sera pas un crime, elle sera juste, légitime ; les hommes et le ciel ne pourront m'en blâmer. D'ailleurs, que m'importe ? elle fait ma joie, ma consolation ; je me délecte en songeant à elle. Non, beau poignard, je ne te remettrai pas à la police; il faut qu'un autre sang recouvre celui qui te couvre déjà. »

Elle prit l'arme fatale, l'enveloppa dans plusieurs linges et la cacha sous son corset; puis, sans écouter ce que Terneuil cherchait à lui dire, elle rentra dans la chambre, où Pétronille, sans être morte, demeurait toujours dans un état d'insensibilité complète. Terneuil profita de ce moment pour prendre Melrose à part, et lui communiquer ce qui venait de se passer. Il lui conseilla de courir en toute hâte prévenir Helbert que Clotilde connaissait Clourfond en qualité d'assassin de sa mère, et que rien ne la retiendrait dans son projet de punir le coupable; il acheva de lui dire le reste des confidences que lui avait fait la Provençale, et elles ne produisirent pas un moindre effet sur Melrose que sur Terneuil.

Il était une heure du matin lorsque Édouard rentra; son premier soin fut de demander aux portier et domestiques si son ami était revenu; la réponse fut encore négative. Édouard en éprouva d'autant plus de chagrin, que la circonstance exigeait impérieusement qu'il pût s'entendre avec Helbert au sujet de Clourfond; il s'informa aussi de l'heure à laquelle ce dernier était rentré. On lui dit qu'il était revenu vers onze heures et demie, et que, depuis ce moment, il était couché sans doute.

Cette tranquillité que le fournisseur manifestait surprit Édouard au dernier point;

il ne pouvait s'imaginer que le crime montrât autant de calme. Il fut dans sa chambre, et aperçut au milieu de sa cheminée une lettre à son adresse et fermée ; il en brisa le cachet avec promptitude, se flattant qu'elle lui venait de quelque ami d'Helbert, son trouble l'empêchant d'en reconnaître l'écriture ; elle disait :

« Je me rendrai chez le vicomte de Mel-
» rose aussitôt qu'il sera rentré ; j'espère
» dans sa sagesse et dans celle du comte de
» Terneuil son ami.
》 Clourfond. »

Ceci ne diminua pas la surprise d'Edouard : la connaissance de son vrai nom que le fournisseur avouait l'étonna singulièrement ; il se perdit en vaines conjectures sans pouvoir en trouver une seule qui pût le satisfaire et qui éclairât les moyens dont son patron s'était servi pour arriver à une découverte dont les suites deviendraient dangereuses à lui Edouard. Cependant, il ne pouvait dans ce moment faire autre chose qu'attendre la venue de Clourfond.

Jamais les furies ne s'emparèrent mieux d'un scélérat qu'elles firent du fournisseur, lorsque, après avoir frappé Pétronille, il se vit arrêter par le comte de Terneuil et le vicomte de Melrose. Il croyait fermement le premier sous les verroux depuis avant midi, tant il lui semblait impossible que, ne soupçonnant pas le danger qui l'environnait, il pût s'y soustraire. Persuadé que, dès l'arrestation consommée, Louise de Terneuil appellerait Pétronille à son secours, il avait écrit à celle-ci, en déguisant son écriture; le billet qui selon lui la ferait venir ce même soir à l'angle des rues Ventadour et Thérèse; il s'était convaincu de la solitude de ce quartier et de la facilité qu'il y aurait à s'échapper après le meurtre commis.

Pétronille morte, M. de Terneuil arrêté, sa fortune changeait de face; ce serait lui qui donnerait la loi à des femmes timides, et qui pourrait arranger à sa fantaisie les affaires de deux familles. La providence se refusait à le servir selon ses souhaits; elle plaça non loin de lui les hommes qui lui étaient les plus redoutables : ils furent les témoins du crime, et se montrèrent à lui comme pour en être le vengeur. Il se crut perdu dans le premier moment; mais à l'aspect de leur effroi mêlé d'horreur et lorsqu'il les eut reconnus, il revint à lui, retrouva son audace, et calcula presque avec calme les suites de cette rencontre.

Il comprit d'abord que l'amitié qui unissait Edouard à Helbert ne permettrait pas à celui-là d'agir contre le père de celui-ci, et qu'en second lieu ces deux individus, Terneuil et Melrose, étant émigrés et par conséquent sous le couteau de la loi, résisteraient à la pensée de venir témoigner contre lui en justice. Ce serait une hardiesse trop dangereuse, dont les conséquences retomberaient sur eux ; car certainement, se dit-il, ils ne se flatteraient point que je me laissasse accuser par eux sans les faire connaître pour ce qu'ils sont positivement, ou si le tribunal révolutionnaire sait leur nom véritable, ils m'accompagneront l'un et l'autre sur l'échafaud : donc ils y regarderont à deux fois avant que de me nuire. »

Rassuré par ces réflexions qui étaient bonnes, il reprit le chemin de sa maison et voulut cette nuit même avoir une entrevue avec Edouard; et afin de rendre celui-ci docile à l'avance aux propositions qu'il avait à lui faire, il écrivit le billet que l'on a vu plus haut.

Ce fut au moyen de l'escalier qui communiquait de son cabinet à la chambre d'Edouard, qu'il vint dans celle-ci : son visage conservait à peine un reste d'agitation qu'Edouard supposait au coupable ; il offrait des traits presque sereins ; Melrose au contraire, lorsque Clourfond entra, pâlit et se troubla visiblement. Le fournisseur s'en aperçut.

« Monsieur, dit-il d'abord, venons au fait : vous m'avez vu commettre un crime; j'ai dû le faire pour assurer le repos de ma vie et une existence honorable à Helbert. Cette femme prétendait mettre obstacle à l'un et à l'autre ; je me suis débarrassé d'elle, qu'il n'en soit plus question. Est-elle morte ? » demanda-t-il avec anxiété.

« — Pas encore, Monsieur, » répondit Edouard indigné de tant d'effronterie.

« — Tant pis ! et pensez-vous qu'elle en revienne. »

« — Je ne puis avoir d'opinion sur ce point ; je l'ai quittée que le premier appareil n'était pas encore levé. »

« — J'ai porté un coup solide ; les secours seront inutiles, elle n'en reviendra pas, je suis tranquille. »

Edouard frémit.

« — Gardez-vous, dit-il, de mettre trop de confiance en votre action coupable : la mort soudaine de Pétronille ne vous sauvera aucunement. »

« — Me trahiriez-vous ? vous l'ami de mon fils, ou le comte de Terneuil prendrait-il ce soin ? Songez que votre position est bien précaire, et si on me poussait à bout, je pourrais vous perdre avec moi. »

« — Une telle crainte n'arrêterait ni M. de Terneuil ni moi; vous avez pour nous gagner un meilleur moyen; Helbert vous défendra mieux que vos menaces. Mais il ne dépend plus de notre volonté de vous soustraire au châtiment; la fille de votre victime a reconnu le meurtrier au poignard que vous lui avez laissé. »

Une imprécation de rage, un trépignement de pied, une crispation convulsive dévoilèrent ce qui se passait dans le cœur de ce misérable, à cette révélation. « — Que la foudre, s'écria-t-il, m'écrase! tout a tourné contre moi, je suis perdu! »

« — Oui, vous l'êtes s'il dépend de Clotilde de décider votre perte: elle nous a paru implacable, et elle agira contre vous de tous ses moyens. »

« — Allez chercher Helbert ; il faut que je lui parle. »

« — Helbert, Monsieur, n'est point dans la maison; il n'y a point paru de toute la journée, et je suis très-inquiet de cette absence prolongée. »

Edouard, à la suite de ce début, et sachant que Clourfond connaissait l'asile de Louise, d'après ce que lui avait dit Terneuil, ne balança pas à lui faire le récit des événemens de la matinée. Lorsqu'il fut à la manière dont Helbert était sorti de l'appartement, Clourfond l'interrompit par un cri rauque et par un nouvel accès de désespoir.

« — Savez-vous, dit-il, où est Helbert? je vais vous l'apprendre: il a voulu sauver le comte de Terneuil, il aura pris son nom, et il est maintenant sous les verroux au pouvoir de Fouquier-Tainville : voilà le complément de mon ouvrage, le fruit sanglant de mes intrigues et de mes forfaits. Adieu, vicomte de Melrose, ne vous occupez plus de moi, je vais songer à ma sûreté. »

Il s'éloigna à ces mots, laissant Edouard dans une douleur affreuse ; et lui-même, plus que déchiré par les remords, remonta dans sa chambre, fit ses dispositions testamentaires, et le jour ne luisait pas encore qu'il était à la porte de l'accusateur public. Certes, si le portier ne l'eût connu, et s'il n'eût affirmé qu'il venait pour sauver la patrie, on ne lui eût jamais permis l'entrée de la maison ; Fouquier-Tainville, éveillé enfin, le reçut.

« — Eh bien ! que veux-tu ? lui dit-il, quelle conspiration as-tu découverte ? »

« — Aucune, mais je suis père, et mon fils est prisonnier. »

« — Qu'a-t-il fait ? »

« — Rien ; on l'a pris en croyant arrêter le comte de Terneuil. »

« — Singulière méprise ; j'éclaircirai ceci ; sois tranquille, je le ferai relâcher ce matin. Adieu ; à quand la noce ? »

« — A ce soir, si mon fils est remis en liberté. »

« — Eh bien, demain nous danserons ensemble. »

Clourfond se retira, et Fouquier-Tainville se dit : « Guernon fera un bon mariage : sa belle-sœur n'aura pas de mari. »

CHAPITRE X.

LA MORT D'UNE VIEILLE FEMME.

O passi graviora! dabit Deus his quoque finem.
VIRGILE, *Enéide*, livre 2.
Vous avez souffert des maux plus grands, espérez que Dieu mettra fin à ceux-ci.

EDOUARD demeuré seul, et accablé de la confidence que Clourfond lui avait faite, fut long-temps comme insensible au malheur qui le frappait si profondément dans la personne de son ami. Oui, le père d'Helbert avait deviné la vérité : ce noble jeune homme était la victime de sa vertu généreuse, de son dévouement au frère de sa maîtresse, et il devait être dans une prison ; mais comment l'en faire sortir ? le rôle qu'il avait joué, le nom qu'il s'était donné, et cela pour sauver un proscrit, ne deviendraient-ils pas des armes dont la férocité républicaine se servirait contre lui? Cependant Edouard, loin de se laisser abattre et d'abandonner son ami malheureux, se jura de le servir avec chaleur et avec zèle.

Terneuil irait solliciter Barras, et lui-même ne manquerait point d'aller droit à Robespierre. « Est-il possible, se dit-il, que ce dernier se refuse à sauver un homme qu'il traite si bien ? Certainement je puis compter sur lui ; il s'emploiera en faveur d'Helbert. »

Edouard ne songea point à se coucher : il employa le reste de la nuit et les premières heures du jour à régler le plan de ses démarches. Il voulait cacher aux deux sœurs ce funeste événement; mais il songea qu'il ne pouvait agir de même à l'égard de la citoyenne Thomas. Il avait entendu le fournisseur à la sortie de la maison, avant le lever de l'aurore, et par conséquent il était persuadé qu'il n'aurait point instruit sa sœur du malheur d'Helbert. En conséquence, il se rendit auprès de la dame, bien avant l'instant où elle quittait son lit.

Il eut, lui aussi, un combat à livrer contre les domestiques de la citoyenne Thomas, qui se refusaient à lui permettre l'entrée de la chambre; mais sa ténacité l'emporta. Celle chez qui il entrait presque par force allait lui en montrer de la surprise; mais il ne lui en donna pas le temps, et passant sous silence ce qui concernait Clourfond, il ne lui cacha rien de l'arrestation d'Helbert. Il faut rendre justice à cette femme : elle avait un cœur excellent; elle portait à son neveu la tendresse d'une mère. Dès que le péril qu'il courait lui eut été révélé, elle se vêtit en toute hâte, déclarant qu'elle allait passer chez tous les conventionnels de sa connaissance, pour les engager à travailler activement à la mise en liberté d'Helbert.

Edouard lui fit part de ce qu'il allait faire de son côté, et peu après chacun fut commencer ses démarches, laissant seule dans la maison la marquise de Bellerive, qui, ayant appris le malheur du jeune militaire, s'enferma dans sa chambre pour le pleurer, dit-elle, tout à son aise. Les domestiques prétendirent qu'elle s'était remise à dormir.

La première course d'Edouard le conduisit chez Pétronille. Il sut, en entrant chez Terneuil, que cette pauvre femme n'avait point recouvré la parole, et qu'elle s'affaiblissait rapidement. Clotilde ne la quittait pas d'une minute; elle lui rendait des soins sans pareils, avec l'expression d'un amour filial des plus respectables; mais, en même temps, elle jurait de tirer une vengeance affreuse du meurtrier, que, cependant, elle n'avait pas nommé encore au magistrat qui était venu dresser un procès-verbal de l'assassinat.

Après avoir écouté ce récit, Edouard y répliqua par les détails de la scène nocturne avec Clourfond. Lorsque Terneuil eut appris l'arrestation d'Helbert, et surtout avec son motif, il se montra vivement désolé de cet héroïsme admirable.

« — J'ai, dit-il, quelque crédit sur Barras et sur Tallien ; je me flatte qu'il me servira pour notre ami. Je suis engagé ce soir à une fête que le premier donne ; mon intention n'était pas d'y paraître, à cause des événemens de la journée d'hier ; mais désormais je ne dois plus songer à moi ; il faut que j'oublie ce que j'ai de plus cher au monde pour ne travailler qu'à récompenser Helbert de son dévouement. »

Ici la conversation fut interrompue par une voisine qui venait en toute hâte prier le citoyen Gérard (c'était le nom que Terneuil s'était imposé en entrant dans la maison) de se rendre sur-le-champ auprès de la mourante. Il y courut, accompagné d'Edouard. Un jeune homme beau, et d'une tournure charmante, était au chevet du lit, soutenant Clotilde, dont le désespoir n'avais plus de bornes. Un autre personnage, vénérable par sa vieillesse et son air pieux, était du côté de la ruelle, tenant un crucifix qu'il présentait à Pétronille.

Celle-ci, au dernier instant de sa vie, et pareille à la lampe qui s'éteint, avait repris une partie de ses forces; elle en profita pour s'annoncer en ces termes :

« — Saint-Just, vois devant toi un digne prêtre qui m'exhorte à mon heure fatale : que la malédiction d'une mère mourante t'accable, si tu ne le prends désormais sous ta protection. »

« — Je le ferai, bonne Pétronille, sois-en certaine : j'aime trop ta fille, et il y a dans ce fanatique trop de vertu. »

« — Clotilde, poursuivit Pétronille, Dieu défend la vengeance ; ne te révolte pas contre Dieu. »

« — Damnation éternelle ! voilà mon lot, s'écria la jeune Provençale, plutôt que de ne pas tirer vengeance du monstre.... »

« — Tais-toi, insensée, reprit sa mère ; n'appelle pas les démons autour du lit d'une femme qui se meurt. Quant à vous autres, citoyens, j'emporte la conviction intime que tous vos malheurs finiront bientôt. J'ai fait mon devoir à votre égard : le ciel achèvera le reste..... Mon père, donnez-moi la sainte croix ; que je la voie et la baise. Ah ! si le repentir sauve, Dieu aura pitié de moi. »

Elle s'arrêta. Ses douleurs devenaient plus vives, et déjà le râle fatal la saisissait. Elle étendit ses bras.

« — Clotilde ! Clotilde, s'écria la mourante, reviens dans une bonne voie : le vice n'a que des distractions, et jamais de bonheur.... Ma fille, fais en sorte que je puisse te revoir heureuse dans une autre vie, lorsque sainte Marthe et saint Lazarre nous réuniront.... J'ai fini avec celle-ci...... Ah ! je n'aurais pas voulu quitter le monde avant le triple mariage...... Notre Seigneur Jésus-Christ, que ta volonté soit faite! Je remets mon âme entre tes mains. »

Un hoquet convulsif accompagna ces paroles, et il n'y eut plus ensuite qu'un cadavre inanimé dans le lit de la vieille Pétronille Rascas.

Clotilde se précipita sur le corps avec des transports frénétiques. Le prêtre ne put faire entendre les consolations qu'il offrait au nom de la religion. Les trois autres spectateurs de cette scène déchirante emportèrent la jeune Provençale dans une autre chambre, et laissèrent celle-là aux voisines qui vinrent rendre les derniers devoirs à cette femme que, pendant sa vie, elles avaient tant méprisée ; mais, malgré les fautes passées, malgré le fanatisme révolutionnaire, la force des impressions passées l'emportant, le bruit se répandit que la défunte avait expiré comme une sainte, et que, très-certainement, elle était allée occuper une belle place en paradis.

Dès qu'Edouard put quitter décemment Clotilde, il se mit à la recherche de Robespierre ; ses efforts pour le joindre furent vains; il ne le trouva nulle part, ou peut-être le repoussa-t-on de tous les lieux où il était. Désespéré de ces obstacles invincibles, il revint chez Clourfond, qui n'était pas de retour de sa course nocturne; là, l'on apprit à Edouard qu'un gendarme venait de porter au citoyen Helbert, de la part de Maximilien Robespierre, une lettre très-pressée; il la demanda, on la lui remit, et emporté par le désir de rassembler tous les élémens de succès propres à sauver son ami, il passa, avec peine pourtant, au-dessus de toute délicatesse, et s'étant retiré à l'écart, il ouvrit la lettre. Elle contenait en peu de mots l'invitation au capitaine Helbert, de se rendre sur-le-champ auprès de Saint-Just, qui lui remettrait son brevet de commandant de la force armée, en concurrence avec Henriot.

Edouard, après cette lecture, se trouva étrangement indécis : certes, Robespierre ne voulait se servir d'Helbert que pour mieux river la chaîne dont il liait la France; ainsi, son digne ami s'associerait à des monstres, dont le règne ne pouvait être long; il prendrait sa part de leurs méfaits, pour marcher plus tard avec eux au même supplice; mais, d'un autre côté, Helbert hors de prison ne serait-il pas libre de refuser la mission dangereuse qu'on lui proposait? Le devoir d'Edouard n'était-il pas de le sauver du péril qu'il courait en ce moment? Cette considération l'emporta sur toutes; il sortit de nouveau, et cette fois se dirigea vers la maison de Clotilde, espérant y rencontrer Saint-Just, ou du moins savoir où il pouvait être.

Un mauvais ou bon génie le contrariait ce jour-là dans toutes ses démarches: Saint-Just venait, depuis un quart d'heure, de quitter Clotilde, sur le message qu'il avait reçu de Robespierre le jeune; où portait-il ses pas? la Provençale, au milieu de sa désolation, ne s'en était pas informée. Terneuil, auquel Melrose communiqua la lettre de Robespierre, pensa, lui aussi, que ce qui pressait le plus était d'arracher Helbert au péril qu'il y avait à demeurer sous la main de Fouquier-Tainville; il donna l'idée, à laquelle Melrose au milieu de son trouble n'avait pas songé, d'écrire, au nom de la famille Clourfond, à Robespierre et à Saint-Just, pour les prévenir l'un et l'autre de l'incarcération, par erreur sans doute, du militaire dont ils demandaient les services.

Croirait-on qu'une distraction bien singulière fit oublier à Édouard, qui tenait la plume, de désigner le nom supposé sous lequel Helbert avait été arrêté? Cette faute fatale amena un résultat important, car, pendant la nuit suivante, les agens de Robespierre parcoururent vainement les prisons de Paris; on ne trouva dans aucune l'écrou d'Helbert, et lorsqu'en désespoir de cause ils furent consulter les registres de l'accusateur public, occupé alors au tribunal révolutionnaire, et auquel ils ne purent parler, ils n'aperçurent point le nom d'Helbert Clourfond, et il leur fut impossible de le reconnaître sous celui de Joseph Saurin.

Après des courses multipliées, et sans aucun résultat satisfaisant, il resta au triste Edouard un autre devoir bien pénible à remplir, celui d'aller apprendre aux demoiselles de Terneuil la mort funeste et inopinée de Pétronille. Ce fut avec un chagrin sincère qu'Ernestine reçut cette nouvelle. Les marques non équivoques d'un vif attachement que lui avait données cette pauvre créature la lui rendaient chère ; combien plus elle aurait gémi, si la véritable cause de ce trépas lui eût été dévoilée ! Edouard, d'après l'avis de Terneuil, ne parla que d'une attaque d'apoplexie foudroyante, sans charger Clourfond de ce dernier forfait.

Ernestine aurait voulu qu'Helbert vînt la consoler. Elle s'étonna de son absence. Il fallut encore ici la tromper. Des affaires impérieuses, qui concernaient la sécurité de la fortune de son père, venaient de nécessiter, la veille, son départ subit pour Rouen, dont il ne reviendrait que dans huit ou dix jours. Il se retint avec courage ; il parla de cette course d'une manière si indifférente, qu'Ernestine, si elle en eut de la peine, ne put au moins s'en alarmer. Il donna ensuite aux deux sœurs la certitude que leur frère ne courait plus aucun danger. Il était tard lorsqu'il les quitta.

L'hôtel du fournisseur était tout en agitation, lorsqu'il y fit son entrée. L'emprisonnement d'Helbert y était connu par le bavardage de la marquise de Bellerive, et Clourfond ensuite n'avait point paru de la journée; le portier affirmait d'ailleurs qu'il n'était point passé par-devant sa loge au moment où il avait dû sortir. Mais ceci ne surprenait pas, à cause de l'issue particulière qui donnait dans la petite rue Saint-Roch. La citoyenne Thomas venait à peine de rentrer; elle avait passé la journée en courses à peu près inutiles : les représentans du peuple, tous occupés de la catastrophe qui allait éclater, donnaient peu d'intérêt à des réclamations particulières. Plusieurs ne l'avaient pas reçue; ceux qu'elle avait vus, un instant à peine, s'étaient montrés froids et indifférens; non qu'ils refusassent d'aider Helbert, mais ils remettaient à deux ou trois jours au delà les démarches auxquelles ils s'engageaient avec une indifférence visible.

La citoyenne Thomas était désolée; l'absence de son frère ajoutait à son chagrin; elle le croyait pourtant à la recherche des personnages qui pouvaient secourir son fils. Mais la nuit s'avançait, et il y avait lieu de s'étonner qu'il ne vînt pas se reposer auprès de sa famille. Plus d'une fois la bouche d'Edouard s'ouvrit pour préparer la sœur de Clourfond à ce qu'il prévoyait, la fuite de son patron, qui, pour éviter les conséquences de l'affaire criminelle que Clotilde lui susciterait par le moyen de Saint-Just, avait dû par prudence quitter Paris et se cacher soigneusement. Mais une pitié bien entendue le détourna de frapper aussi rudement cette femme qui allait être en proie à de violens chagrins.

La marquise de Bellerive, presque insensible au chagrin de *ces gens-là*, déplorait maintenant, avec une nouvelle amertume, la disparition de sa nièce, dont on ne lui avait pas encore appris le sort. Elle récapitulait les désagrémens, les périls même qui découlerait de cette absence, si le patriote Guernon venait à se lasser et à se croire joué. Elle oublia de s'informer de son neveu ; et certes, Edouard, en ce moment, donna la palme à la citoyenne Thomas au détriment de la marquise.

« Mieux vaut, se disait-il, sensibilité que noblesse. Par bonheur que toute notre caste ne ressemble pas à ces êtres saturés d'égoïsme, et qui surtout ne s'apitoient que sur les infortunes des personnes de qualité. »

Les mille inquiétudes qui agitèrent ce jeune homme, pendant cette journée, lui permirent à peine de s'apercevoir de la marche politique des choses et de la lutte qui commençait entre le parti de Robespierre et la majorité de la convention.

CHAPITRE XI.

UN BAL LE 8 THERMIDOR 1794

> Rions, chantons ; que le plaisir
> De fleurs vermeilles nous couronne...
> *Chanson manuscrite.*
>
> ......*Improvisa lethi*
> *Vis rapuit rapietque gentes.*
>
> Le mort a toujours surpris et surprendra toujours les hommes.

TERNEUIL, rempli de reconnaissance pour tous les services que Pétronille Rascas avait rendus aux siens et à lui, montra les sentimens nobles de son cœur en n'abandonnant pas pendant toute la nuit et pendant la journée suivante, Clotilde, abandonnée à un désespoir sans bornes. Cette malheureuse fille, toute naturelle dans sa douleur, ne cherchait point à montrer du courage, lorsque son âme était cruellement brisée. L'éducation du grand monde arrête l'explosion des regrets; elle en comprime les élans, et ne leur permet que de se présenter sous une sorte de retenue. Il n'en est pas de même dans la classe inférieure : ici la douleur se développe au premier moment dans toute sa frénésie; elle n'est comprimée par aucune considération humaine, et cela peut être parce qu'il y a nécessité qu'elle s'affaiblisse et disparaisse promptement. L'affliction des pauvres n'est jamais prolongée, car ils n'ont pas le loisir de s'y livrer : d'autres soins pénibles, des travaux indispensables, les tyrannies de la mauvaise fortune s'opposent à la manifestation comme à la longue existence d'un chagrin violent.

Clotilde avait donc besoin d'un consolateur qui veillât sur elle. Le comte, vraiment digne de son rang, ne vit point en elle, à cette heure fatale, une femme perdue, mais une fille bien à plaindre, et qu'il ne fallait pas livrer à la véhémence de son désespoir. Saint-Just, appelé le 8 thermidor (26 juillet 1794) par Robespierre à l'éxécution de leurs projets, ne put, lui, se consacrer entièrement à Clotilde, ainsi qu'il l'aurait fait en d'autres temps. La fièvre révolutionnaire dont il était dévoré effaçait tout autre sentiment, et bien qu'amoureux, de toute la vivacité de son caractère, de la belle Provençale, il la quitta forcément pour se rendre à ce qu'il appelait son devoir.

Le cadavre de Pétronille, dont la mort n'était que trop constatée, fut emporté le même jour, vers sept heures du soir, vers le champ du repos éternel. Ce fut encore un moment affreux que celui où Clotilde dut abandonner les restes inanimés de sa mère; elle se livra à une telle frénésie que ses forces physiques cédèrent, et la firent tomber dans un accablement tel qu'elle en perdit le mouvement et la parole.

Des voisines s'établirent alors autour d'elle, dès qu'elle devenait plus calme par l'effet même de sa douleur. Terneuil leur confia le soin de sa garde, et on lui promit de passer la nuit entière à la veiller.

Quant à lui, malgré les périls qu'il pouvait courir, il ne balança pas à les braver, dans le dessein de sauver Helbert des conséquences de son dévouement. Barras l'avait invité à une sorte de fête qu'il donnait ce jour-là, et qui était destinée à cacher la dernière réunion des conjurés, décidés à agir presque immédiatement après. Terneuil espérait échapper à ses ennemis au milieu des troubles prochains. Dans tous les cas, il se dit : « Helbert n'a pas craint d'affronter pour moi les chances d'une réclusion menaçante. Je ne dois pas non plus redouter pour le servir celles d'une démarche que le succès couronnera peut-être. »

Il partit donc à dix heures du soir. Certes, en toute autre occasion, il aurait eu honte de se présenter dans un cercle brillant, revêtu de son costume d'alors; mais à cette époque on ne s'en inquiétait guère : le plus mal mis avait, par cela même, plus de droits à vanter son civisme, et il était dans le cas de ne point dédaigner ce moyen de conservation. La fête n'avait pas lieu dans l'appartement ordinaire du conventionnel; il s'en était fait prêter un plus vaste dans la même maison, qu'on avait orné avec une sorte de magnificence. Depuis long-temps Terneuil n'avait vu du luxe en France; il voyait là une décoration élégante, des lustres en nombre chargés de bougies, des guirlandes de fleurs, des festons de feuillage vert; dans la salle principale, et sur un piédestal de marbre blanc, s'élevait une statue en bronze de la liberté, coiffée d'un vrai bonnet rouge; partout des draperies étaient retenues par des nœuds tricolores et bordées de franges aux trois couleurs ; un chœur de musiciens faisait entendre les airs chéris de tous les républicains: *Allons, enfans de la patrie; Vive la carmagnole; La victoire en chantant; Ah! ça ira*, que des bouches charmantes répétaient avec enthousiasme, et peut-être avec franchise.

La foule des invités remplissait l'appartement. On comptait parmi les hommes remarquables les généreux Santerre et Rossignol, le proconsul Lebon, qui, tigre ivre de sang, examinait avec un regard farouche, au milieu du bal, les personnes des deux sexes dont avant peu il demanderait la tête au comité de salut public; Cambacérès, qui ne pouvait se dépouiller de ses formes magistrales; Vadier, sanguinaire conventionnel, et qui se préparait à combattre les opinions qu'il avait professées; Boissy d'Anglas, sage parmi tant de furieux; Fréron, Legendre, Tallien et plusieurs encore, tous bien connus alors, et dont la mémoire commence à disparaître, dans un oubli qu'ils ne méritent pas.

Le maître du logis causait en ce moment avec les citoyennes Mel..., Récamier, Heinguerlot et Hamelin. C'étaient les plus élégantes parmi les belles Parisiennes, celles qui inventaient les modes, depuis qu'il n'y avait plus de cour qui les imposât à la ville. On riait dans cette partie du salon; Barras se livrait à une gaieté si naturelle, qu'on était en droit de la croire factice. Des jeux de mots, des calembourgs, quelques bonnes plaisanteries débitées tour à tour par les membres du cercle, se répandaient avec rapidité dans le reste de l'assemblée. En ce moment, la citoyenne Mel... se penchant à l'oreille de Barras :

« — Quel est donc ce ci-devant, dit-elle, qui se glisse parmi nous sous le costume d'un sans-culotte pur ? »

Barras se retourna, reconnut Terneuil, et admira le tact fin de son interlocutrice.

« — Mais, lui répondit-il, c'est un homme assez heureux pour ne pas être noble, que je vois rarement, et que j'ai invité, je ne sais trop pourquoi.

« — Tu mens, citoyen-vicomte, reprit la dame plus bas encore; s'il n'est point noble, tu ne l'es pas, et pourtant.....

Voilà que mon mari l'accoste ; il sera plus franc que toi, et me le nommera. »

« — Il s'appelle Joseph Saurin, repartit Barras en se levant comme pour aller faire les honneurs de sa fête à quelques femmes qui arrivaient ; il passa auprès de Terneuil et lui fit signe de venir le joindre dans une autre pièce, dès qu'il aurait achevé de converser avec Tallien. Celui-ci, jouant déjà un double jeu, tenait à se rapprocher d'une façon intime de celui-ci, qu'il croyait l'agent direct de Monsieur comte de Lille. »

Terneuil apprenait de ce représentant les événemens majeurs de la journée dont il n'avait pu s'occuper. Tallien lui contait que, dans la séance de la Convention, Robespierre, ayant pris la parole, s'était mis à faire son propre éloge, à vanter son amour de la liberté et son désintéressement.

« — Il allait, poursuivit le narrateur, passer de ce début préparatoire à la demande de plusieurs mises hors la loi, lorsque nous tous, qui savions sa pensée secrète par la découverte d'une liste portant tous nos noms avec une note de proscription, avons fait tant de bruit qu'il lui a fallu quitter la tribune. Couthon l'a remplacé, Couthon son digne complice; celui-là, abordant le point principal, a déclaré qu'il y avait au sein de l'assemblée plusieurs hommes indignes du titre de représentans du peuple, et qu'il fallait se défier d'eux. Fréron alors l'a interrompu en disant :

« — Jusqu'à quand un petit nombre de députés, se regardant comme les maîtres de la Convention, auront-ils l'audace, sur des accusations vagues, de conduire leurs collègues à l'échafaud? Vous ne pouvez connaître la vérité sans rétablir la liberté des opinions dans cette enceinte.

« — Et qu'a répondu Robespierre et Couthon?» demanda Terneuil.

« — Rien de raisonnable; ils sont partis.»

Ici Tallien, voyant venir à lui Vadier, quitta le comte, qui alla rejoindre Barras.

« — Eh bien! dit celui-ci, le gant est jeté, et nous sommes en présence ; demain il y aura pour nous la victoire ou l'échafaud. »

« — Et l'on danse ici ce soir ? »

« — Certainement ; d'abord un bal distrait ceux qui en prennent leur part, et puis il endort ceux qui l'examinent de loin. Je suis assuré que chez Robespierre on se moque de nous en ce moment, on se figure que nous nous livrerons sans résistance, tandis que demain ce sera notre parti peut-être qui commencera le combat.

« — C'est donc pour demain ?»

«—Oui, et sans délai ; il y a urgence.»

« — Je crois que vous faites bien ; Robespierre se prépare à vous attaquer : j'en ai la preuve.»

«—Que savez-vous de particulier?» dit Barras avec moins d'indifférence.

Terneuil alors lui rapporta le fait de la lettre écrite dans cette journée par Robespierre à Helbert.

« — Voilà une fâcheuse nouvelle, répliqua le représentant; nous comptions sur l'incapacité de cet ivrogne d'Henriot, tandis que le jeune Clourfond est un militaire de haut mérite. Que ne le détourniez-vous de prendre un parti qui lui sera fatal?»

« — Hélas! dit Terneuil, je ne suis pas en position de lui donner conseil; hier il a voulu me sauver, et, par un mouvement généreux, il s'est fait arrêter à ma place.»

« — Oh! parbleu, s'écria Barras en riant, c'est un bon coup de la fortune : le soutien de Robespierre est sous les verroux, et par ordre sans doute de Fouquier-Tainville, qui ne lâchera pas sa proie facilement.»

« — Je le crains: aussi je venais vous prier de me prêter votre appui pour le remettre en liberté. »

« — Dieu me garde de le faire! Qu'il reste où il est, puisque, s'il sortait, ce serait pour soutenir un monstre. »

«—Non, il ne le ferait jamais; il en est incapable. »

« — C'est possible, mais vous ne pouvez fixer aussi jusqu'où peut aller l'ambition d'un homme. Ne vous fâchez pas; je vous jure, après la victoire, de délivrer votre ami; jusque là, et dans l'incertitude où nous sommes, je ne tenterai pas une démarche qui peut compromettre le succès. »

Les instances du comte furent inutiles; Barras ne voulut pas céder. D'ailleurs, ajouta-t-il, pensez-vous que Robespierre ne le délivrera pas? qui sait si déjà le jeune homme plein de bravoure ne se trouve point aux Jacobins, recevant les honneurs de la séance, auprès de son protecteur? »

Ici le bruit des instrumens, les éclats de rire de la compagnie quelque peu de mauvais ton, couvrirent la voix de Terneuil qui répondait au représentant. Celui-ci le quitta pour faire apporter des glaces et des boissons rafraîchissantes; il tenait à ce que la soirée fût joyeuse et à ce qu'on s'amusât chez lui. Le bal recommença avec une vivacité folâtre. Les danses d'alors avaient quelque chose d'extravagant et de lubrique; c'était moins la représentation des fêtes galantes de Cythère que le désordre licencieux d'une bacchanale sans retenue.

Terneuil, demeuré seul, s'indignait de l'égoïsme ou de la politique de Barras; il n'avait plus rien à faire dans cette maison, et il se préparait à en sortir, lorsque Carnot arriva précipitamment. La danse et la musique cessèrent spontanément à son entrée. Il parut animé.

« — Citoyens! dit-il, la patrie est menacée en ce qu'elle a de plus sacré! Je viens de la société populaire des jacobins; Couthon y a dénoncé grand nombre de représentans et plusieurs membres des comités de salut public et de sûreté générale. Le monstre et ses collègues en veulent à notre vie! Armons-nous! et ne nous laissons pas égorger comme de vils troupeaux! Robespierre est venu après; il a lu, au milieu des applaudissemens, le discours que tantôt nous n'avons pas voulu entendre. Il a électrisé l'assemblée à tel point, que le peintre David, s'élançant vers le tigre de l'époque, lui a dit en l'embrassant :

« — Mon ami ! si tu bois la ciguë, je saurai la boire aussi avec un autre Socrate ! »

La légèreté française fut plus frappée de ce propos ridicule que de la grandeur du péril. On se mit à rire de Socrate Robespierre et de Platon David. Cependant Lebon, qui était encore là, sortit en toute hâte. Tallien s'en aperçut.

« — Voilà, dit-il, Lebon qui va commander un autre instrument de supplice; il pense qu'il y aura foule. »

« — Oui pour lui et les siens, répliqua Barras. Allons, mes amis ! allons, citoyens ! remettez-vous en place, et dansons. »

Cette invitation n'eut aucun succès; une sorte de stupeur remplaçait la joie; chacun songeait à se retirer, de crainte de quelque fâcheuse rencontre. Barras, fâché, essaya sans fruit de s'opposer à la retraite générale. Elle avait lieu, tandis que les instrumens recommençaient leur douce harmonie; un groupe de conventionnels, en dehors duquel était Terneuil, resta seul. Il y avait là les chefs de la conspiration légitime; ils se promirent d'être le lendemain fidèlement à leur poste.

« — Quant à moi, dit Berlier, j'espère vous servir mieux que tout autre. Je donne demain à déjeuner à Henriot, et je m'engage à ne le rendre à Robespierre qu'ivre-mort. Certes, il ne lui sera pas d'un grand secours dans l'état où je compte le mettre. Bisson lui tiendra tête, et vous savez ce que boit Bisson. »

« — Tu peux rendre par là un vrai service à la république, » répliqua Legendre.

« — Quant à moi, dit Tallien en laissant voir la poignée d'un stylet qu'il sortit de son sein, je ne me laisserai pas traîner au supplice. »

« — Ces mots sont de mauvais augure, dit Barras; je ne crois pas à la possibilité de ma mort; car je suis persuadé de la victoire. »

CHAPITRE XII.

LA CATASTROPHE.

Ubi turpis est medicina, sanari piget.
SÉNÈQUE, *OEdipe*, acte 4.
Préférez le malheur à un remède qui vous en délivrerait en vous rendant coupable.

Ce fut vers sept heures du matin, le thermidor (27 juillet 1794), que Saint-ust reparut chez la jeune Provençale. elle-ci avait passé la nuit dans un état comlet de faiblesse, conséquence naturelle de son épuisement physique et moral. Sa douleur, sans cesser d'être vive, était amortie, et elle put pleurer à l'aspect de son amant Les femmes qui la veillaient s'écartèrent on la laissa seule avec lui. Les yeux de Clotilde reconnurent sur les traits de Saint Just une émotion extrême, qu'elle attribu d'abord à la part qu'il prenait à son malheur.

Mais, quoiqu'il regrettât sincèrement l vieille Pétronille, d'autres intérêts majeur occupaient ses esprits. Lebon l'avait instruit, ainsi que Robespierre, de la scèn qui s'était passée la veille au soir chez Barras; ils en avaient conclu que le moment d la lutte arrivait. Saint-Just le voyait ven avec courage, et son âme énergique s'e flammait à la vue du péril. Celle au co traire de son atroce ami, incapable d'u sentiment héroïque, s'ouvrait à une lâc terreur. Robespierre nourrissait un effr secret, que sa contenance déguisait mal ; n'avait pas cette force extérieure qui don tant de confiance aux subordonnés, et q est le premier gage de la réussite; il hésitait, il craignait de se prononcer, il aurait voulu louvoyer encore : ce ne pouvait plus être, lorsque le glaive était sorti du fourreau.

Saint-Just reconnut alors combien ce misérable était incapable de conduire le projet qu'il avait formé. Cependant, comme il restait quelque vertu dans son âme, ce bouillant jeune homme se jura de ne point abandonner Robespierre, et de le sauver malgré lui. En conséquence, il ameuta leurs amis communs, leurs affidés, leurs satellites; il passa toute la nuit à préparer la résistance du lendemain; et, à l'instant de jouer sa vie contre la fortune, il n'oublia pas Clotilde, et il vint auprès d'elle lui donner un baiser qui pouvait être le dernier.

Elle, en le voyant entrer, s'écria :

« — Oh! Saint-Just, tu ne la reverras plus, cette mère malheureuse qui t'aimait tant, et qui assurait maintenant notre bonheur! Elle est morte! elle est morte! et elle n'est pas encore vengée! »

« — Ainsi, nous succombons tous, répliqua le conventionnel, un peu plus tôt, un peu plus tard. Autrefois on mourait de maladie, maintenant le trépas arrive d'une autre manière ; c'est au fond la même chose : la mode a seulement changé. »

« — Tu me restes seul, dit Clotilde. Je puis compter sur toi; tu ne m'abandonneras pas. »

« — Non, je te serai fidèle; mais te resterai-je long-temps? qui le sait? je l'espère, et cependant le péril est bien prochain. »

La Provençale, à ces mots, se pencha vers lui avec vivacité, et, l'enlaçant dans ses bras :

« — De quel péril parles-tu? que peux-tu craindre? dis-le moi, et certainement je te sauverai. Fuyons... »

« — Ceci est impossible. La fuite est plus funeste qu'une contenance ferme. D'ailleurs je me dois à la patrie avant tout. »

« — Et à ta Clotilde. »

«— Me voudrait-elle lâche et déshonoré?»

« — Elle te veut heureux et tranquille. »

« — Eh! quelle paix puis-je goûter, lorsque des traîtres menacent la république, lorsque des royalistes conspirent ouvertement? Est-ce à l'heure où ils marchent contre les patriotes que je quitterai nos rangs? J'en suis incapable. Je sens là (il montrait son cœur) quelque chose de brûlant qui ne peut s'adoucir que lorsque j'aurai versé le sang des perfides. Ton amour m'est cher ; tu m'es nécessaire ; mais j'immolerai tout au devoir sacré que la patrie m'impose. Au reste, notre incertitude sur ce point ne durera pas long-temps. La question qui nous occupe sera résolue dans cette journée. »

« — Quoi déjà ? » dit Clotilde en frémissant.

« — Cela ne vaut-il pas mieux qu'une incertitude sans terme? Oui, le moment est venu d'asseoir la liberté sur une base indestructible. Paris en armes se levera pour elle, et les représentans factieux paieront leurs complots de leur tête. »

« — Tu vas donc combattre ? »

« — Peut-être. »

« — Et tu peux être vaincu. »

« — C'est une des chances de ma destinée. »

« — Les victorieux ne t'épargneront pas. »

« — Ils feront bien; car, si je triomphe, je ne leur ferai aucun quartier. »

« —Ainsi, elle et toi vous me manquerez ensemble. »

« — Pourquoi le croire? n'ai-je pas l'air d'un conquérant? »

Il voulut sourire en s'exprimant ainsi, et ne put que contracter désagréablement sa douce et belle figure, qui dès lors prit une expression farouche et altérée, qu'elle conserva pendant le reste de cette journée mémorable.

« — Non, non, tu ne triompheras pas, répondit la Provençale avec un sinistre accent prophétique: mon malheur entraînera le tien, je t'envelopperai dans ma fatale destinée. »

« — Voilà un sinistre présage : promets-moi le succès, et je l'obtiendrai; si tu me le dénie, il me fuira. »

« — Ainsi, dit Clotilde sans lui répondre, j'irai rejoindre la vieille Pétronille, avant de l'avoir vengée. Ah! Saint-Just, je ne peux te faire un sacrifice plus grand. »

« — Tu es folle, Clotilde; sois raisonnable : eh bien! si tu me perds, tu retrouveras mieux. »

« — Oui, le repos sans terme sous six pieds de terre. »

« — Adieu; le temps me presse, mes amis m'attendent, et nos adversaires ne m'attendront pas. »

« — Un instant encore, ne me quitte point aussi vite; qui sait quand nous nous retrouverons? »

« — Ce soir, chère Clotilde. »

« — Dieu le veuille. Ecoute, Saint-Just,

je t'aime assez pour oublier ce que je dois à ma mère. »

Un baiser donné et rendu termina cette scène; le jeune fanatique, impatient de se lancer au milieu du péril, comptait les minutes, tant il avait bonne envie de les employer dans l'intérêt de son parti. Clotilde resta dans une immobilité effrayante, et se livra à des rêveries dont elle ne sortit que pour examiner avec sa main si le poignard qui avait frappé Pétronille était toujours caché sous son corset : elle sourit dès qu'elle eut l'assurance qu'on ne le lui avait pas ravi.

Je n'ai pas l'intention de décrire la journée du 9 thermidor, ces détails alongeraient inutilement ce récit, chacun les connaît; je dirai seulement qu'après une lutte animée, que Saint-Just ouvrit par un discours qu'il prononça à la convention, lui, les les deux Robespierre, Couthon, Dumas et plusieurs autres scélérats furent décrétés d'arrestation, et conduits à l'Abbaye. On refusa de les y recevoir; ils vont à la Commune de Paris, et tentent de soulever le peuple. Leur effort est paralysé par l'ivresse d'Henriot. Barras prend le commandement des troupes ; Fréron, Legendre, le seconde ; l'Hôtel-de-Ville est forcé, Lebas est tué ; Robespierre cherche à se brûler la cervelle, et ne fait que se mutiler ; lui et ses complices sont conduits devant le tribunal révolutionnaire où Fouquier-Tainville requiert et obtient contre eux cette peine de mort qui ne tardera pas à peser enfin sur lui : le 10 thermidor, à huit heures du soir, Robespierre et les siens terminaient leur vie.

Le lendemain, on trouva sur la fosse commune qui renfermait ces anarchistes féroces, le cadavre d'une jeune femme dont le cœur était frappé de trois coups de poignard..... Ainsi finit, auprès de Saint-Just, Clotilde la Provençale.

Dès que la convention eut triomphé, Terneuil réclama de Barras la mise en liberté d'Helbert, ce qu'il obtint sans peine. Puis, et certain que la France allait respirer, il ne voulut la quitter que pour peu de temps ; il partit avec la marquise de Bellerive, Louise, sa sœur, et le vicomte de Melrose. Ernestine demeura auprès d'Helbert, son mari. Ce dernier, entrant au service, prit part à toutes les victoires de nos immortelles armées, et parvint aux grades les plus éminens. Napoléon, qui appréciait sa bravoure, l'en récompensa par son estime, et lui accorda la rentrée de ses deux beaux-frères, qui eurent hâte de redevenir Français aussitôt que la paix de l'intérieur ne fut plus troublée. La bonne Philippe Herminier vécut long-temps encore ; elle vit les trois couples heureux, et trouva sa félicité dans leur bonheur.

Pendant plusieurs jours, la destinée du fournisseur demeura inconnue : on le croyait en fuite ; mais le propriétaire de la maison où logeait Renaud, inquiet de l'absence prolongée de son locataire, fit faire, par l'autorité compétente, l'ouverture de l'appartement. Un spectacle d'horreur frappa les regards lorsque l'on parvint dans une chambre reculée. Il y avait un homme à qui une arme à feu avait enlevé la vie : c'était Renaud. Auprès de lui, et dans l'attitude de quelqu'un qui a fini ses jours à l'aide du poison, on reconnut Clourfond le fournisseur.

FIN DU TOME QUATRIÈME ET DERNIER.

www.ingramcontent.com/pod-product-compliance
Lightning Source LLC
Chambersburg PA
CBHW071946160426
43198CB00011B/1564